大展好書 好書大展

精選系列 13

黃昏帝國
美國

進藤榮一 著
莊雯琳譯

大展出版社有限公司
DAH-JAAN PUBLISHING CO., LTD.

前言──「唯一的昨天」

動搖的美國該往何處去?

柯林頓上任後「變化的美國」與「不變的美國」──我在二者較勁中，利用兩種手法來解讀激盪、動搖的現今。

一種就是將今日的美國置於「大國興亡」的時空中，以宏觀的方式眺望其遠景。

而現今的美國，正處於英國與美國製造的和平展開與結束，也就是世紀大歷史的潮流中。讀者可從中解讀世紀末轉換期的目前狀況。

手中拿著兩份鳥瞰圖，將焦點集中於「昨日美國」八〇年代雷根時期──與共和黨多數派支配──上，來探討其時態。從經濟與政治兩方面，分析美國國內保守派壓倒自由派的大資本家歌頌繁榮的「十年內」，也就是以微觀的方式，仔細觀察其近景。

之所以要詳細分析，是因這十年來「決定性」的歷史，大都直到今日仍被誤解。而在誤解中掀起了以「八〇年代」為模型的鄉愁，截至今日仍持續綻放出異樣的光芒。十一月的中央選舉，共和黨新一代的行動右派獲勝，明顯表露出美國人希望能回歸到八〇年代「強大的美國」。

好比如優秀作家夫雷迪里克·亞蘭所著『唯一的昨天』一書中所描繪的「喧鬧的一九二〇年代」一樣，光是分析、描述過去相當地困難。相信處於九〇年代的人，那光輝耀眼的十年依然深深烙印在腦海中，但現在每個人的臉上，似乎都烏雲密佈。若不分析、省察這十年內的情形，就無法展望「明日的世界」。因此，我執著地藉由本書，闡述過去「昨日的世界」的現實。

將美國視為「帝國」的看法，也許會令讀者感到奇怪。這絕非列寧主義的「帝國主義」論。擁有龐大的軍事、經濟力量；擁有財富與繁榮，持續地理上的膨脹，且以此為意識型態的國家，便是帝國。在將美國視為帝國而加以剖析時，使我逐漸明白以下的事項。

冷戰結束時期，美國是「唯一的超大國」，但現在卻走向衰退之路，這不僅是因帝國的膨脹所造成，事實上也因為內在的「社會和經濟」荒廢而引出。

美國已和昔日的大英帝國一樣，從巨大的帝國進入「平凡大國」的苦澀轉換期。如何渡過這個轉換期呢？柯林頓等人的「新美國」如何克服「舊美國」呢？這不單是美國的問題，也可說是戰後五十年，以美國為模型（或反模型）的日本人本身的問題。

自從利用威爾遜外交來探討美國帝國的處女作出版以來，經過十五年再敘述「帝國的黃昏」，感觸良多。

感謝當我至當地蒐集資料時，不吝賜教的已故小西昭之、春名幹男兩位先生，以及Q·F·庫歐教授，還有在專門範圍指導我的同事森田孟、山根誠一郎、小谷清各位教授，和出版之際盡可能幫助我的岩波書籍新書編輯部與安江良介社長，在此深誌感謝之意。

進藤榮一

目錄

序章　鎮魂歌

——一九九三年夏天——

「在此，毀滅他人可算是一種運動。」

文森・福斯特二世

綠色的公園路

從白宮開車穿過華盛頓中心街，看見波頓馬克河，渡過河上的橋，就可到達喬治・華盛頓公園路。這條沿著波頓馬克河的公路，是華盛頓的公路中，我最喜歡的道路之一。此外，我也喜歡麻省的艾維紐這條道路。兩條道路的兩旁都爲巨木所覆蓋，就好像綠色隧道般。開車要花二十分鐘才能穿過隧道。

大約十五年前，也就是一九六九年，我正在華盛頓過著留學生涯，當時我的心持續感到震撼。每天早上搭乘巴士去上學，欣賞著街道的風景，令我覺得帝國首都眞是非常地美。不，正確說法應該是我非常討厭鬧區和中心街的污濁，雖說帝國的末日早已開啓，但景色依舊迷人。

待在華盛頓的一年多內，我換了三次住處。待得最久的，就是在麻省艾維紐西邊附近，接近市區、有紅色屋頂的民宅二樓。可能因位於美國大學旁，故附近的草地一整年都有松鼠在橡樹下撿橡樹子吃。在十年後，也就是一九七八年夏天，我再次來到了這個家庭，和他們家人共度兩個月的時光。但驚訝地發現松鼠的數目驟減。越戰結束後十年的歲月中，首都華盛頓的都市化非常快速。

先前提過的兩條街道與波頓馬克河平行並列，從東南貫穿西北。十幾年前，當時尙爲留學生的我的兩個好朋友，定居在公園路的西端郊外住宅地波頓馬克，我經常到他們那兒去住宿。有一天早上，搭乘他的車子通過公園路，來到上班的街道。穿過公園路冗長的綠色隧道，對於美、日首都美醜巨大的差距，不禁嘆息了起來。

美麗依舊，但國際關係卻不斷改變，兩者間形成強烈的對比。在瞬息萬變的國際關係中，存在著美日間顯著的「力的變化」。這半世紀以來，經濟力個人的GNP從十五比一變成一比一，可說形勢完全逆轉。即使在泡沫經濟瓦解後，日本的經濟力依然很強。而這種「力的變化」究竟從何而來？柯林頓的政權展開，到底對這個變化又有何種意義呢？

文森·福斯特之死

一九九三年夏天，我任敎於加拿大溫哥華大學。在開始習慣加拿大生活的七月二十日——美國東部時間下午六時十五分——沿著喬治·華盛頓公園路的福特·馬西公園中，發現總統府次席最高法律顧問文森·福斯特二世的遺體。通稱文森，他是柯林頓幼年時期的好友，右手握著一九一三年製三八型陸軍柯爾特式自動手槍，其愛車則被棄於公園的停車場。

發現遺體的一週後，在文森的文件中，發現二十七張黃色的便條紙。這些紙片顯示他的精神已陷入極度疲勞中。是年末所謂白水事件成為政治問題時，他辦公室中有關白水事件的資料全被帶走、銷毀。事實上，甚至有文森與柯林頓總統夫人希拉蕊之間關係的傳言，還傳出文森是他殺的說法，但後來經由特別檢察官菲斯克和司法部的人仔細調查，確認為自殺無誤。

事實上，文森在死前數週的週末，便經常關在自己的房內工作。死亡當天，其故鄉阿肯色州底特律的主治醫師，還曾經將鎮靜劑送到他的辦公室。文森之所以感到疲勞，是因他所處理的事件，也就是與白宮旅行事務所有關之事，令他處理時倍感煩惱。文森因這些懸案，而開始批評柯林頓的人事政策，懷疑總統的政治手腕，對於柯林頓支持率大幅度的下滑，讓他異常痛心。而且他對於柯林頓——與自己——所遭遇的一連串攻擊，不論是來自反柯林頓派或保守派明確的政治意圖攻擊，都必須默默承受。例如FBI（聯邦調查局）就曾經詢問過他，此外，還牽扯出與政治有關的總統資金關連問題等等，使得文森成為各方的箭靶。

例如，在他死前，報紙上曾三度批評柯林頓的人事政策以及文森，便是最佳證明。

也許從背後捅人一刀，在政治世界中是常理。但是在南部鄉下的都市、在人與人間的溫情中度過半生的文森，無法忍受這種殘酷的常道。他強烈厭惡著「政治都市」華盛頓的新生活，渴望回到故鄉。他的嫌惡在黃色便條紙上表露無遺，上面寫著：「在這兒〔華盛頓〕，毀滅他人被視爲運動」。

柯林頓、文森及總統首席輔佐官（當時）湯瑪斯·馬克拉提三世三人，是青梅竹馬的朋友，出生在距底特律一二〇公里、人口不到一萬人的小鎮霍普，上同一所幼稚園。文森的葬禮在霍普的教會舉行，當時充滿哀戚的好友柯林頓的弔唁文中，有一節敘述三人少年時代「喜歡玩把刀扔到地面上的遊戲，雖然無法將刀牢牢地插進地裡，但友情卻根深蒂固」。

這個友情的確也開花結果了。馬克拉提發展家業，在阿肯色州創立天然橡膠公司，而文森則通過州律師考試，二年後進入底特律著名的洛茲法律事務所，在此與柯林頓、希拉蕊、洛德哈姆等人齊聚一堂。後來曾擔任底特律市長的維布斯塔·哈貝爾擔任司法長官，而威廉·甘廼迪三世則擔任文森的幕僚，一同進入白宮。而同州前衆議員安索尼的夫人希拉·福斯特·安索尼——文森的親姊姊——也成爲司法次官，加入政權的行列中。此外，在卡特政權時代幫助貧窮者的法律服務機構一起工作的夫妻、親友，擔任總統選舉總部部長的米奇·坎特，也擔任美國通商代表部代表。而夫妻的舊友包納德·納巴姆，則從紐約至此擔任首席最高法律顧問。

一連串柯林頓的人事政策，造成白宮成爲「底特律律師們的殖民地」，受到保守派與共和黨議員的揶揄。

底特律的殖民地

最高法院法官的選拔團中心，是希拉蕊的室友艾雷諾雅·雅其森。而取締環境犯罪環境廳的要職，則是在希拉蕊本身擔任會長時代的兒童防衛基金的同事傑拉爾德·特雷斯出任。而在文森死前數日，總統擔任州長時代的阿肯色州保險局局長——黑人女醫師——傑瑟琳·耶爾達茲，被拔擢爲聯邦醫務總監。

事實上，柯林頓所任命的白宮旅行事務所兩位女性負責人，都與總統有所關連，同時，重新裝潢白宮的裝潢業者，也是希拉蕊夫人所熟悉的底特律設計師。因此，衆人便批評柯林頓夫妻太過於「內舉不避親」。

保守派一一蒐集這些資料，成爲攻擊新成立不久政權的最佳武器，首先便攻擊與總統夫妻關係最密切的白宮執事文森，後來開始追究ＦＢＩ與文森雙方的刑事責任。

如七〇年代FBI長官艾德‧米斯的違法行爲，導致尼克森下台一樣，令人不禁聯想起當年的水門事件。

而事態之所以不斷蔓延開來，則是後來柯林頓夫妻也參與計劃的馬迪森‧加蘭迪儲蓄貸付組合，將其資金貸款給當地不動產開發公司——白水公司，以及八四年當柯林頓參選州長時，曾將這筆錢挪用爲柯林頓的選舉資金等，因此柯林頓便遭受批評，又有誰能預料水門事件可能會再度發生。

事實上，這種內舉不避親的人事作法，在美國政治史上屢見不鮮。

例如，本世紀在美國改革史上打頭陣的威爾遜，其女婿馬卡德就持續擔任財務長官的要職，而甘廼迪的弟弟洛巴特擔任司法長官，姊夫休萊巴擔任首任和平部隊長官，且還將住在麻省劍橋市內的教授們，大量送入政權之內。此外，卡特也大量啓用喬治亞州的人脈，雷根則接受住在加州的洛巴特‧提拉博士及實業家們的建議，展開SDI計劃，而且採納南加州大學教授亞瑟‧夫法的建議，使得經濟政策與稅制出現一八〇度的大轉變。

美國總統身負重責大任，必須單獨做出決斷，可說是「帝王總統」。身邊有一些至親好友，且在政權剛開始發展時重用選舉時長年支持自己的人，對總統而言，是很自然的行爲，爲一種自衛政策。

儘管如此，冷戰結束後喪失外敵，注意力「朝內」的社會風氣，使得柯林頓人事過度「內舉不避親」的做法，以及政治倫理的問題，被推上政治檯面。十年前選舉資金的出處爲何，還有金錢疑惑及與女性間的問題，種種的責難及疑惑的資料，柯林頓本身就提供相當地多了。

保守反對派的反彈

但是，重新評估對柯林頓政權的人事批評，使得隱藏於背後的問題亦浮上檯面。也就是說，早已超越內舉不避親或倫理的問題，而是自卡特以來闊別十二年——若從尼克森時期算起，已過了十五年——的民主黨占優勢的時代，造成保守反對派的強烈反彈。這就是美國保守派與共和黨陣營，擁有與民主黨不同的國家看法而造成的反彈，也意味著九六年總統大選前的前哨戰。

對於才誕生不久的民主黨政權的反彈——是由三層勢力所構成的。

第一，是一些「政治專家」團體們，對於來自全美第四十八個貧窮州——阿肯色州鄉下地方的「外行人團體」的反彈。

第二，則是老一代對於根本不知第二次大戰爲何物的新生代——也就是五〇年代後出生的X世代——成爲政權中樞的反彈。

第三，則是——最重要的一點——保守派對於大膽嘗試改變良好美國傳統與八〇年代保守主義潮流的改革派或進步派團體的反彈。

因此，形成了保守派對改革派，或傳統對革新的對立。也就是說，在世紀末的轉換期，出現「舊美國」與「新美國」的爭執。而這個爭執，在冷戰結束後已發生好幾次。事實上，回顧文森之死，似乎與冷戰之死重疊在一起。冷戰開始的四九年春天，白宮高官自殺的先例，就是首任國防長官詹姆斯·福雷斯特。

四十幾年前，福雷斯特擔任五角大廈（美國國防部）的主人時，蘇聯的「威脅」便開始發揮力量。而美國非常害怕這個共產主義的妖怪。

福雷斯特深受蘇聯的威脅，便想逃離這個首任國防長官的工作，在就職二年數個月後的一九四九年五月，便於華盛頓郊外的海軍醫院，從十七樓跳樓自殺身亡。在死前一日，他叫著「俄國人攻來啦！」連衣服也沒穿就跑到走廊。

當時這位國防長官滑稽的姿態，沒想到過了半世紀又再度出現，說明了美國人陷入一種嚴重的反共歇斯底里狀態中。

隨著冷戰的結束，首都華盛頓的風潮亦爲之一變。冷戰時首都至高的道德，是「堅強」「無情」，這可說是對付共產主義「威脅」，不可或缺的道德，但隨著蘇聯的消滅，已經不再「堅強」，不再「無情」，而共同感受到「人情化價值的復權」——最重要的就是政治倫理的復權——這是居住在華盛頓居民們的要求。

現實的政治由於太多的野心與爭權奪利，而變成一種「堅強」與狡猾，這可說是權力遊戲無情的本質。而在無情的政治遊戲中，失去外敵的保守派想向社會風潮尋求援助，因此在政權內部找尋任何的疑惑及醜聞的資料。

保守派和媒體甚至從人事的「內舉不避親」的做法中尋求「倫理」，不斷找尋政治中樞的疑惑點。對文森而言，這些行動就像是難以忍受的醜惡政治本質般。故他的死與福雷斯特之死，具有不同的意義。所以，我希望大家記住在價值轉換的巨大歷史漩渦中，無法脫逃的高官之死是何等悲哀的事。

冷戰結束後所帶來的政治新潮流，對守舊派人士而言是難以忍受的。因此守舊派對這股潮流不斷反彈，成爲憎惡一切事物的一群羊，對一連串的人事——尤其是「底特律律師群」——找尋攻擊的目標。

對雷根所象徵的「優良美國」而言，象徵「新美國」動態的女性或黑人，以及少數人種團體，是他們絕不能原諒的叛逆者，而且對於雷根等保守主義者而言，有家庭觀念的思潮是應該加以唾棄的懦弱風潮，認為值得去愛的「家庭觀念」的本來價值，是一種性別的倒錯，被視為不佳的思潮。同時，不只是女性，連同性戀者都可以在附帶條件下從軍的新兵役方針，也認為是對傳統價值觀的挑戰，因此刺激了保守層，挑起他們心中強烈的反抗。

舊美國與新美國

對傳統的反抗或判離傳統——完全展現在柯林頓政權的美國史上，史無前例的閣僚構成上。事實上，柯林頓政權全部閣僚十四人中，有三位女性、四位黑人、二位西班牙人，而白人男性只有五人。

「新美國」的登場，使得議會選舉中女性與黑人激增。以往傳統保守男性占優勢的參議院，女性議員由二人增加為六人，其中一位是史上第二位黑人議員，而到了衆議院時，女性為四十七人，增加七十%，黑人有三十八位，增加了五十四%，而且誕生了歷史上最多的民主黨新人議員，總數為一一〇人。

對於了解「優良美國」的守舊派而言，比爾·柯林頓（或希拉蕊）與和他個人有關係的支持者——所謂的朋友（或希拉蕊）——的存在，是讓這些守舊派難以接受的價值體現者。但對於柯林頓而言，將女性和少數人種派送入議會，象徵著「改變的美國」。尤其在與司法相關的任命要職上，也強烈表現出這一點。

首先，就是像威爾遜或甘廼迪等人想表明自己改變社會經濟的做法一樣，將信念最接近自己信條的革新派，送入司法相關要職的寶座上，建立改革成就不可或缺的陣營。

對於被批評爲「訴訟社會」的美國而言，「支配法律」者最後便成爲「支配政治」者。而司法相關要職，由女性或黑人等在社會上的少數人種來擔任，象徵司法的改革。所以，柯林頓等人便固執地要女性擔任司法長官。

原先敲定的二人，皆因雇用非法移民擔任保母而被放棄。但後來在二月下旬，又任命邁阿密的女性檢查官珍妮·李諾，得到議會的承認，使得華盛頓的守舊派，對政權更加反彈。因爲大家都知道她是揭發腐敗及公民權運動的強力支持者。

後來柯林頓又拔擢他在耶魯大學法律研究院就讀時，夫妻兩人共同的朋友，也就是賓州大學黑人女性教授拉妮·格妮亞，擔任負責公民權的司法次官。但這時卻遭到保守派強烈的反擊，於是出現柯林頓指名撤回的「失態」。像甘廼迪就曾說過「不見得多數決定的原理就是正確的。即使在白人占優勢的社會中，黑人權利也無法受到多數決定原理的保護」，這個說法的確是一針見血。但這一類的想法，無法為保守派所接受，因此不能得到議會的承認。故柯林頓只好撤回成命。

金巴克的最高法官任命

後來柯林頓在任命最高法官時，指名由贊成墮胎派的露絲‧貝塔‧金巴克法官擔任。在由「平庸的保守派」占據的最高法院，掀起軒然大波。

在美國，若被指名為最高法官的候選人，必須在議會回答議員的質詢，獲得議員的認可才行。長達三天的議會質詢對答，也在加拿大的電視上播放，翌日早上，紐約時報使用二頁版面，報導所有的證言。我一大清早就到咖啡店去買報紙看，對於這位女性說服力之巧妙與強韌，感到非常佩服。

在八八年總統大選之際，墮胎問題也是爭論的焦點之一，七〇年代以來，美國最高法院的判斷本身就持續動搖。但我想這位女性的議會證言，可說是對於贊成墮胎派與否認墮胎派的長久爭論，造成對前者有利的型態。

金巴克認為禁止女性墮胎，就好像讓特定的男性團體（例如犯罪者）實施不孕手術一樣，侵害由合衆國憲法修正十四條所制訂的市民權的平等。她認爲女性兼具「弱性」與「產性」，故對於擁有生殖機能的性，必須特別加以考慮才行，她也拒絕八〇年代過度激烈男女平等主義的立場，同時反對將墮胎權利矮化，成爲「私人權利」的七〇年代最高法院立場。

金巴克認爲男性與女性皆爲人類，具有同樣的義務，應該也享有相同的權利，而且這個主張必須存在於美國市民權思想的傳統中。她在議會的證言中，甚至將批評的矛頭指向認爲在法律與法院能判斷一切的想法，也就是所謂法律至上主義是錯誤的。當然這也提供保守、中庸派能充分產生共鳴的接點。

當保守派的參議員狄更斯問她：「爲什麼妳要特意製造『性差別』這個新的法律用語呢？」因爲這個用語，即是保守派最忌憚的象徵女權主義運動的字眼。而金巴克的回答是：

「七〇年代，當我還在哥倫比亞大學時，曾寫過與性有關的訴訟事件摘要書及論文、演講草稿，當時秘書對我說：『我不停地打性、性、性這個字，但妳要面對的是這群男性吔！』——事實上，當時在訴訟法院的法官皆爲男性——『我想妳的意思，應該不是要讓這些男性一開始就從這個字產生一些聯想吧！故根據文法書的說明，可以使用『性差別』這個字眼，如此一來，便能去除男性奇妙的聯想』……米妮（當時這位女性的秘書），如果妳現在正在看這個節目，我當場對妳這位創造此字的親生母親，表示由衷的謝意。」（New York Times，7．21，1993）

的確是混合諷刺與幽默、具有說服力的辯解，於是議會也肯定了金巴克的認命。

冷戰過後

在任命法官前後，柯林頓解除了保守派的FBI長官威廉·賽裔的職務。後繼者則是穩健派的路易·福里，並且得到議會的承認。在這一天——大約五點之前，文森的上司納司·巴姆對文森說：

「今天眞糟糕啊！被對方擊出二支全壘打。」所謂二支全壘打，意味著議會承認最高法官和FBI長官的任命。這句話是周圍的人和文森所說的最後的話。

守舊派也非常注意FBI的人事任命，如麻省最高法官理查·史當，以前曾擔任交換學生到英國牛津大學就讀，和柯林頓都參加反越戰運動。同時，七二年擔任馬克加邦總統選舉事務次長，八〇年擔任愛德華·甘廼迪總統選舉全國代表團長，因此保守派反對他擔任FBI長官。

甘迺迪擔任委員長，在七月的參議院勞工委員會上，守舊派議員們也不願承認先前出任醫務總監的職務。他們對於同樣是候補的耶爾塔斯則說：「發現州公立衛生所的保險套出現瑕疵。」但卻沒有改變保險套分配政策，因此反對他擔任要職。而且用公費分配保險套的行爲，已經違反他們傳統的道德觀，故不可原諒。

守舊派認爲不論是耶爾塔斯或史當，都是底特律的複製品，因此對於指名承認多方牽制。這也可說是冷戰結束後，失去外敵的守舊派的惡作劇吧！

的確，時代的潮流開始改變了。在改變當中，帝國美國的風貌亦爲之一變。不單是帝國改變，舉凡巨大的國家，擁有強大軍事力、能統治世界的「帝國時代」已經結束。

不變的美國，持續受到改變的美國的抵抗。失去外敵的守舊派，只好向內尋求想要改變作風的敵人。守舊派的惡作劇，在對柯林頓一連串人事與內政的激烈批判中表現出來。而文森在這種批判的衝突中，成爲衆矢之的，在歷史與思潮巨大的漩渦當中痛苦掙扎。結束了四十六年生命的文森之死，其意義與冷戰之死相結合，同時意味著帝國的結束與二十世紀之死。

第一部　分裂的自畫像

第一章　興隆或衰退

——霸權主義的轉移——

「流浪漢是自由主義者長期成爲麻藥中毒奴隸，衆人在自由之名下，從病痛中解放出來，持續出現在街頭，而使事態嚴重惡化的絕佳例證。」

金・J・卡克帕特里克

（Commentary, Jan. 1990）

一、八〇年代的相剋

衰退的徵兆

就如昔日羅馬帝國與近代的大英帝國一樣，現在超大國美國也出現衰退的徵兆，迎向「帝國的結束」。沿著長久歷史的過程來看這個「帝國的結束」，二十世紀是「美國的世紀」，而其結束不單只是「美國的世紀」結束，而是廣義的「近代的結束」，各位的腦海中是否已浮現這個事實呢？

由於近年來時代劇烈地改變，因此能以這種形態描繪出世紀末轉換期的特性。從蘇聯的解體到冷戰的結束，也意味著過去的世紀與應該來臨新世紀本質的差距。

社會主義並非歐洲型的社民主義，而是蘇聯東歐型社會主義，的確已死亡了。從一九一七年俄羅斯革命開始，自東歐至中國，擴展到亞洲、拉丁美洲、非洲的「社會主義的世紀」，已結束其歷史的使命。

但蘇聯東歐型社會主義與共產主義的結束，並不意味著美國或資本主義的勝利。

冷戰結束，蘇聯解體，但「資本主義的大本營」美國，也持續走在艱苦的道路上。

一九八一至一九八五的四年內，美國由世界最大的債權國變成世界最大的債務國。貿易收支自七六年便轉爲赤字，八七年突破一五〇〇億美元，財政赤字逐年擴大，冷戰結束的一九九二年，達到三〇〇〇億美元（國家年收入的三成）。「二十世紀資本主義的火車」開始喘氣了。同時，在世界各地延伸霸權的美國帝國，也出現衰退的徵兆。

美國會不會衰退呢——關於「美國衰退」的爭論，已在八〇年代前半期展開，但尖銳指出「美國進入衰退時期」的人，卻是歷史家波爾·甘廼迪。八七年，他在著作『大國的興亡』中，將美國的衰退定位於列強的興隆與衰亡的歷史中。在世界上號稱繁榮、具有強大軍事力量的大國，爲何會衰退呢？其根本原因必須朝著「帝國的過剩擴張」的共通現象去找尋。擁有太多財富和軍事力量的巨大國家，會將膨脹之手擴展至海外，形成過大的負擔使得本國經濟疲憊，自己走向衰退之路。他主張目前的美國已經到達這個時期。

此書在數月內締造暢銷書的佳績。許多美國人也開始注意本國衰退的現實。

八八年初夏，美國議會聽取波爾·甘廼迪等人的意見，進行熱烈的討論。在議論的過程中，美國人本身出現二種相反的「不同的自畫像」。與其說是「不同的自畫像」，還不如說是對美利堅合衆國一個實體的看法，開始分裂爲二種不同的看法。這個「不同的自畫像」的原型，凝聚在保守派猶太系雜誌『評論（Commentary）』九〇年一月號特輯「美國八〇年代爲何——悲慘或勝利」中。

如何掌握八〇年代

在特輯中，保守派的論客意氣風發、筆鋒銳利。對於面臨蘇聯東歐圈解體狀況的他們而言，充滿自信地認爲自己是使共產主義敗退的「冷戰的勝利者」。其典型就是在雜誌中登場的保守派論客、最右翼份子卡克帕特里克（雷根時代，從喬治敦大學教授被提拔爲聯合國大使），以及評論家喬治·基爾達。

二人以「L批評」爲軸，規定八〇年代是美國再興的「黃金時代」。

L批判——這是在八八年總統選舉時，批判民主黨總統候選人迪卡基斯（與里貝拉爾）時，布希共和黨陣營所創出的「合字」。批評放縱墮胎、性或道德，甚至對於犯罪和死刑制度的廢止都非常寬大的自由主義者的布希群，豎立拇指與食指做成L字，詢問聽衆。「你們贊成或反對L呢？」聽衆一起回答——「NO」當時我正在美國，因此這光景仍然深印在腦海中。

充滿自信的保守派

卡克帕特里克不只否定自由主義的價值，甚至全盤否定自由主義存在的意義。他認爲八〇年代增加的流浪漢，是「自由主義者成爲痲藥中毒者，在自由之名下，從精神病痛中解放出來，流浪街頭」而產生社會現象。而且他攻擊「想要解救空理空論的自由主義者，根本無法解決問題（流浪漢問題）是雷根的失敗」，一方面揶揄自由主義者的「空想主義」，同時攻擊其「無責任與反道德性」。

基爾塔則在L批判侮蔑論的延長上，稱讚雷根經濟。他將八〇年代定位爲與「社會主義之死」對峙，證明「資本主義占優勢」的「十年」。他認爲這十年，將是美國在經濟成長率方面，將到七〇年代爲止的劣勢扭轉的十年，「超越歐洲、非洲、中南美洲，從五〇年代以來，首次趕上日本的十年」。

與卡克帕特里克情緒化的議論不同，基爾塔則更實體的列舉出許多數據。

根據基爾塔的說明，八〇年代不論在資本設備投下率或工業生產成長率方面，都是「締造戰後繁榮期中最高記錄」的黃金時代，而能締造此記錄的，則是雷根經濟。

「八〇年代，美國透過世界工業生產的市場占有率，及出口、GNP都增大。……八〇年代初期的減稅，在八三年與八四年展現了效果，實質稅收增加九%……工業生產量約八〇%、個人收入二〇%，全美社會所有部門的實質薪資提高，創造出二二〇〇萬的新規雇用。且八〇年代（不單是美國）對於全世界五十五個國家，都是稅率削減的十年，但對於稅率上揚的國家而言，卻是歲入減少的十年。」

同時，他認爲這十年實際證明支持雷根經濟重視供給的經濟理論——就是所謂重視供應經濟學——是正確的，應將其合法化。

「的確（由於逆進性高的稅制改革），富者支付給國家的所得稅率降低。但正如重視供應理論者的預測，富者得到比以往更多的收入，因此在國家歲入中所占的富翁的納稅比例增大，對於租稅的貢獻度也增大。結果使美國精英份子較以往更爲努力工作，利用賺取的利潤進行有效的投資，得到健全的好成果。」

提出反駁理論的霸權主義者

但是雜誌『評論』的報導中，對於保守派稱讚雷根經濟的做法，霸權主義的論客們則提出完全相反的觀點。例如，霸權主義者記者J・B・朱帝斯，認爲雷根政權的八年內「雖然在東側『惡劣帝國』的陰影下，美國的善良與純粹，綻放出華麗的光芒，但這卻是繁榮的最後時刻」，且列舉以下的數據。

「從八〇年至八五年，在世界的總輸入中，美國的市場占有率，汽車爲四六％、電腦三六％、精密電子二六％、工作機械降低爲一七％。……冷戰失敗者雖是蘇聯，但勝利者不是美國，而是日本。美國的衰退今後仍持續下去的話，會如昔日英國或法國面對今日美國，處於劣勢的情形般，在經濟上，現在的美國面對日本與德國，一樣會處於劣勢。」

他認爲二十一世紀的美國是「只有寄生於外國資本下的曼哈頓島，會成爲金融國家，富裕階級與勞工階級的差距會擴大」，描繪出一個黑暗的未來之像。

普利策獎得獎者社會學家波爾・史塔，將焦點集中在貧富的差距上。他指出貧富差距的源頭，在於雷根的稅制。不斷增加的貧困以及流浪漢，是雷根社會政策失敗的結果，不單是貧富差距擴大，學校教育水準降低，會導致都市的荒廢、醫療的貧困，製造美國社會的病理。

後來，他參與柯林頓政權下的醫療保險改革團。

二大資本主義論

同一雜誌特輯中展開的自由主義派討論中，頗耐人尋味的就是，他們一邊描繪出與保守派論客論調完全相反、八〇年代美國的「負自畫像」，同時也提出代替雷根資本主義的「另一種資本主義像」，展望八〇年代後的世界。這些論客，就是民衆史家尤金．傑諾威吉，與里貝拉爾．格洛巴里斯特、洛巴特．萊修。

傑諾威吉是最左翼急進派的歷史家，認爲「冷戰的結束，製造出一個應該對社會進行更多建設性的事業，能重新評估更多投資，並加以擴大的新機會」。而縮減軍隊所產生的「和平的分配」，使得陷入瓶頸的資本主義狹隘之路，又開拓出新的光明之路。

同一報導中，保守派評論亞賓．克里斯特爾認爲美國即使縮減軍備，對民生經濟也無助益，只會造成軍需產業部門大量的失業者，「和平的分配」本身就是一種幻想，對於縮減軍備產生懷疑、消極的見解。但傑諾威吉卻批判保守派的縮減軍備懷疑論，認爲藉著積極、大膽地縮減軍備及軍民轉換的推進，能找出八〇年代後世界資本主義的代替方案。

此外，萊修又提出另一種後八〇年代論。他是柯林頓留學牛津大學時代的好友，同政權建立後，擔任勞工部長，在特輯中，他從比傑諾威吉更全球性的立場，展開以下「另一個資本主義像」。

他認爲蘇聯共產主義的結束，將使得二十一世紀世界的「意識型態戰場」，成爲代替以往「共產主義對資本主義」戰爭的三種不同資本主義體制間的抗爭。

第一，就是日本或亞洲開發中國家新重商主義的體制；

第二則是八〇年代美國或佘契爾主義下英國等弱肉強食的資本主義；

第三，則是北歐或德國、法國等社會民主主義體制。

在三種不同體制的爭執中，展開新的歷史。他否認「美國第一主義」的立場，藉由提示資本主義多樣化的道路，及強烈批判雷根經濟資本主義的觀點。同時，提出導入日本型產業政策與歐洲型社會主義的混合體中，所存在資本主義像的立場。

美國的「第三世界化」？

『評論』雜誌在探討八〇年代論之後，又再次編纂美國衰退論特輯。在這些爭論中，保守主義者從正面接受美國衰退的事實，從「衰退」的現實上探討本國的再生。

這些議論的出現，值得注意。

例如，共和黨右派的伊迪歐洛格、帕特里克·布加南等人，認為美國應抽回不斷朝海外膨脹、擴大之手，重新回到「美國第一主義」的源流。為愛國主義的孤立主義論。

而愛德華·魯特瓦克（戰略國際研究中心）則認為美國的「中南美洲化」或「第三世界化」，尤其在與日本對照時，感到憂心忡忡。認為應該從以軍事戰略為軸的地政學，或以經濟戰略為軸的地經學，來轉換政策指標，屬於戰略論的說法。

布加南和魯特瓦克的議論，可說是連進入九〇年代後保守派的知識分子們，都開始從雷根之流的「保守主義的束縛」中解放出來的先例。

雖說是開始從束縛中解放出來，但探討美國衰退的議論，尚無法尋得答案。

八〇年代分為二種不同的自畫像，究竟會以何種形態收場呢？美國到底會興隆或衰退呢？從冷戰「勝利的陶醉」中清醒過來，到九〇年代中葉，我們必須重新了解「衰退的美國」這個現實。

二、另一個現實

有限的繁榮

第一，就是的確如八〇年代保守主義者所主張，美國經濟在八〇年代中葉時不斷高漲，而這股波潮，看來已經延伸至九〇年代。尤其在八三年與八四年，美國經濟達到頂點，因此雷根在八四年總統選舉時，推出「美國的清晨再度出現」的口號——證明這項實績。

例如八三、八四的二年，實質成長率爲三·六%與六·八%，資本形成增加率爲八·二%和一六·八%，雇用增加率爲一·三%與四·一%。這些增加率非常地高，究竟有多高，只要看先進七國中，美國的數值幾乎接近最高值即能了解。這二年來，七個國家中，美國沒有建立最高值的記錄，只有八三年的雇用增加率而已，而且僅次於日本的一·七%，屈居第二。

第二，八〇年代整體看來，八三、八四兩年美國經濟上的完美表現，畢竟有限。

事實上，這個良好的成績，是八三年之前數年的「悲慘」經濟落後，而造成的一種反彈現象。

關於成長率方面，八三、八四年的高成長率，是建立在八〇年的負〇・二%到八二年的負二・五%上；資本形成增加率方面，八〇年的負七・九%與八二年的負九・六%；雇用增加率方面，八二年的負九・二%等，在G7諸國中，幾乎是最低位或接近最低位的「悲慘」的反彈數字罷了。

因此八三、八四兩年的良好成績，只是一個反彈的成績，到了八五年之後，再度出現相對降低的現象。也就是八五年後，這些指標都出現遞減現象，八八年若干持平，八九年以後，又不斷地降低。

其次，關於勞動生產性的指標，最能顯示出長期的經濟趨勢。當一國的成長率降低時，牽引景氣的資本投下率的降低，會導致失業增加；而失業的增加，會連帶使得該國的產業競爭力及勞動生產性降低。勞動生產力表現出一國的活力。觀察勞動生產性的演變，就會發現美國在六〇年代後勞動生產性遞減，同時過去十五年來，始終在先進七國中保持最低的平均伸展率記錄。八〇年代時，平均伸展率爲加拿大的一半以下，法、英的三分之一以下，日本的四分之一以下。

第三，八〇年代美國經濟的成績，也顯示出先進七國中雖有些差距，但與美國有類似演變者，則是加拿大與英國。

八三至八七年，英、加二國雖經濟豐饒，但另一方面，平均年率超過十%的高失業率成爲踏板，從高成長率開始不斷地繁榮。而八八、八九年的高資本形成增加率，在九〇年後急速降低，相對的伴隨低勞動生產性，而成爲一種底子較淺的豐饒現象。

加拿大有八成進出口總額依賴美國，其依賴度在八九年因美加自由貿易協定簽訂後而變得更高。故兩者同時衰退，就是因在馬爾里尼政權下的加拿大，及佘契爾政權下的英國，所實踐急速民營化政策的推進與富者優惠稅制所造成的。加拿大在八九年提出九%的聯邦政府消費稅、英國九〇年提出的人頭稅等大衆課稅法案並加以實施。

也就是說，英、加兩國經濟指標的相對降低，與同樣屬於盎格魯・撒克遜文化的美國帝國衰退，具有表裡一致的關係。

強的國家與弱的社會

視野從經濟指標拉向社會文脈，我們可看到世紀末美國更具刺激性的「悲慘」現實。例如嬰兒死亡率，六〇年爲二十六人，遠比義大利、比利時、西班牙、愛爾蘭、德國、法國、加拿大、日本任何一個國家來得低，但到了八〇年代末期時（雖這個數字已降低至十人），卻是包括這些國家在內的先進十五國中最高的國家。

在貧困下的生活水準中生存的孩子的比率，在八四年後持續增加，九二年時四人中便有一人。這個數值，爲英國的三倍、法國的五倍、德國的七倍以上。包含這些兒童的美國貧困人口，在八〇至八三年間急增，超過三五〇〇萬人，往後也未曾減少。八九年後再度上升，九一年一舉增加一二〇萬人，到達三六九〇萬人。雖然從九〇年七月開始景氣後退，九一年三月暫時停止增加。但貧困者的增加率，卻達到全人口增加率的三倍。在八〇年代雷根政權以及接手的布希政權之下，貧困持續增加。

增加的貧困，連帶造成教育水準的降低，國民識字率爲八十五%，締造先進國家中的最低記錄。雖然高等教育機構的升學率及與科學有關的諾貝爾獎得獎者數居世界第一，但每千名人口中有科學技術者五十五名，爲日本或加拿大的六分之一～五分之一（包括西方先進諸國及俄羅斯、保加利亞在內），根據聯合國的統計，在三十個國家中爲第二十九名。

除了這一連串的社會指標外，八九年間被殺害者人數爲二萬三千四百三十八人，被槍殺的被害人數九六〇二人，愛滋病患者數二十萬二千八百四十三人（各爲日本的二百倍與四百倍），在列舉這些社會指標群時，魯特瓦克感嘆地說美國就好像「被巨額債務壓得喘不過氣的阿根廷」一樣，認爲事態已跌落到和第三世界相同的情形，這種說法並不誇張。

美國八〇年代的繁榮，只不過是加速這些貧困與荒廢的「繁榮」而已。

美國的確是「強國」，擁有強大的核子武器，具只需投十幾次核子武器便能「殺死」地球的力量，可稱爲霸權國家。但在強大帝國背後的社會卻生病了，貧困不斷擴展、犯罪不停蔓延。強國的中間存在著虛弱的社會。由這意義來看，此一連串的現象，就好比如昔日的羅馬帝國，都是衰退帝國共通的現象。

三、三大「拜金時代」

一八七〇年代與一九二〇年代

「By The Mark Twain 」——民衆主義作家馬克·吐溫不爲人知的著作『拜金時代』，在華盛頓的議員秘書和同事一起出版後，成爲暢銷書籍。

馬克·吐溫書中將追逐金錢、貪婪的新興資產階級，與金權政治家淺薄的拜金主義時代，稱爲「拜金時代」，揭露其醜陋的實態。而馬克·吐溫和文森·福斯特一樣，討厭虛榮的政治都市華盛頓，和文森不同的，是他並非生存此都市中的優秀份子，只是從圍牆外看這些拜金時代者的表現並加以諷刺。一八七〇年代，相當於十九世紀美國產業資本主義的興盛期。

換言之，也是代替持續衰退的大英帝國的另一帝國的「助跑期」。

我們從一世紀前的拜金時代，就能了解八〇年代雷根時期的原型。這二個時代，引出大恐慌前的「喧鬧的一九二〇年代」，夾著十九世紀末而在美國登場。三個「拜金時代」的共通性如下。

富者之宴

不論哪一個時代，都是由共和黨主政的保守主義政權時代，在產業界和金融業界的主導下，謳歌自由放任政策，政府進行大幅度的緩和限制、削減所得稅（或廢止）。格蘭特政權下的一八七三年（南北戰爭時），廢止戰時課稅及所得稅，克里奇政權下的一九二〇年代，所得稅的最高稅率從七十五％下降爲二十五％。好像以這些爲範本似的，雷根政權下的一九八〇年代，最高所得稅從七〇%下降爲二十八%，採取一連串的富者優惠措施。

不論在任何時代，龐大的企業都可以自由的馳騁於山野，而勞動運動會受到鎭壓。十九世紀的拜金時代，甚至出動陸軍來對付罷工的勞動運動。二〇年代與八〇年代則徹底瓦解勞工組織，其組織率下降爲二〇%，而今日則下降爲一四%。

此外企業合併的波濤，併吞了弱體的中小企業。千萬富翁（或是億萬富翁）急增。

南北戰爭前——馬克·吐溫在密西西比河擔任領航員時——百萬富翁的人數只有五十人～六十人，半世紀後到一八九二年，他離開美國逗留在倫敦時，數目增加爲一百倍，達到四〇四七人。而在二〇年代，財富集中造成亨利·福特或約翰·D·洛克斐勒等百萬富翁的誕生，八〇年代的美國原本只有四十個百萬富翁，後來竟然產生數萬名的百萬富翁，占全美人口的〇·一%～〇·二%，也就是說，大約有二十萬～四十萬的美國人，成爲擁有千萬美元以上資產的家族中一員。

共和黨多數派的時代

三個「拜金的時代」都是出現在後半期，且是共和黨占優勢的時代。

共和黨政權時代的第一期（前半期），是在分裂國家統合之後，而到了第二期（後半期），逐漸抬頭的資本主義充分運轉。在「廉價政府」與市場經濟萬能的信仰下，進行財富集中以及富者和巨大企業優惠政策，中產階級和社會的弱者開始喘息。繼林肯之後的格蘭特政權及繼哈丁葛之後的克里集政權，和尼克森之後（中間有卡特）的雷根政權，在二十世紀末都締造了拜金時代。

雷根就任總統，進入華盛頓之後所做的第一件事就是拿掉掛在白宮辦公室牆壁上的F·D·洛茲威爾特的照片，而掛上象徵「平凡的保守主義者」克里集的照片，這事實象徵著貫徹美國史的富者與保守主義的時代到來。

三大拜金時代以五〇年～六〇年爲單位來訪，而各自與帝國和霸權的勃興到成熟再到衰退的興亡歷史重疊在一起，透過這三大時代形成一組共通性，但同時也展現區分三大時代的異質性。

三大時代的共通性就是，都是從長波景氣循環波的上升期頂點到下降期。這個世界性的景氣上升的長波，是由新技術的開發與疆土的發現或擴展而製造出來的。

十九世紀後半的景氣上升波，使得取代大英帝國的另一個霸權國——美國在世界的一隅出現。同時也出現了新興有錢人與資本家的囂張跋扈。半個世紀後，二十世紀初期的景氣上升波，將美國推上了歷史的表演舞台上，再次締造了財富集中與剩餘。在一九二〇年代，再次造成資本主義的成熟。

第二次世界大戰後——美國確立帝國霸權後——，二十世紀後半期全球景氣上升波，再次使得美國產生財富集中與剩餘的現象，造成資本家的跳樑。由此來看，三大拜金時代，各自出現帝國的勃興、成熟與衰退等不同的發展階段，可說是大資本主義者的華麗宴時代。

不斷改變的產業構造

不過三大時代在霸權國的發展階段都有不同的異質性，而且其差距形成十九世紀世界與二十世紀世界的不同。首先在一八七〇年代，兩個士人所描述的拜金時代，誕生於十九世紀世界的範疇內，其次第一次世界大戰後，「喧鬧的二〇年代」——第二次拜金時代，則是留下前世紀的基軸，但是雷根的八〇年代，則成爲二十世紀世界的結束而展開，不過更正確說，前二者應該是與後十九世紀大英帝國的衰退有互動的關係，而一九八〇年代表示美國的衰退，也指示二十一世紀世界的到來。

將焦點集中於產業構造的基軸，前二者的拜金時代是屬於鋼鐵和汽車、化學產業等重厚長大型的資源勞動集約之「福特主義生產系統（藉著流程作業大量生產）」的時代到來。而這個新時代，隨著美國的興盛，在十九世紀後半期登場。

來自農村社會的大量勞動力移動到都市。產業技術者將豐富的勞動力平均的組合在搭配輸送帶的工程中，汽車大王福特建立了這個工程的生產系統。造成了二十世紀美國財富相對平等化的大眾消費社會。支撐福特型大量生產系統，製造「鋼鐵與汽車和電氣」的時代，出現了「美國的世紀」。

四分之三世紀後——接近二十世紀結束的八〇年代，新的產業革命的波濤襲捲整個世界。這股波濤將產業的主軸由重厚長大型，變為半導體、生化科技、電腦等輕薄短小型的技術知識集中產業。而在這個轉換的夾縫中，使得霸權國家——美國，開始有了霸權與生產力衰退的苦惱。

一八七〇年代與一九二〇年代都是帝國興盛的產物，但是一九八〇年代卻是衰退的象徵。

四、大英帝國與美國帝國

拉塞特教授的高論

「馬克．吐溫眞的死了嗎？」——一九八五年耶魯大學的布魯斯．拉塞特教授發表了附帶這個奇怪副題的論文，是以尖銳的筆觸來探討先前提及之帝國衰退的論文，教授認爲美國帝國之死——霸權的衰退——這個誇張的故事，可以藉著許多數字來舉證。

不論是民衆主義者或愛國主義者，或者是反對美西戰爭的反帝國主義者，都必須信奉美國草根民主主義，而這個以大衆作家之名當成副題的論文，鼓舞了自認爲是自由主義派，而又必須要倡導「美國霸權」的許多知識份子，可說是小而好的禮物。

這點只要看約瑟夫．奈（哈佛大學教授）在拉塞特的資料出現之後，寫了『不滅的大國——美國』一書，對於先前提及的波爾．甘廼迪，以及提倡法國亞納爾派思想的激進歷史家尹馬爾．耶爾或拉斯坦．因等人的美國衰退論提出了執拗的反駁理論，就可見一斑了。

「馬克・吐溫眞的死了嗎？」——這番話另有含意。

原本這句話是指在一八九六年夏天，馬克・吐溫在他逗留的倫敦病死的消息報導出來以後，他自己拍電報告訴友人否認自己之死，哈克等人所建立的疆域消滅，拜金時代已經結束了。無庸置疑的，拉塞特是想將馬克・吐溫之死，用來引述美國的繁榮和理念，藉著否認其死，而否認美國的霸權主義及其文化的死亡（或衰退），想要證明它還健在。

因此拉塞特主張十九世紀的大英帝國與二十世紀的美國帝國量與質的不同，成爲其反駁「霸權衰退」論的根據。

議論的精華有以下兩點。

關於美國的卓越性

第一，就量的不同方面。拉塞特認爲在經濟力方面大英帝國確立起霸權，拿破崙戰爭後的一八三〇年，當時產業生產量爲中國的三分之一以下（三一・三％）、印度的二分之一（五四％）而已，強調其是次於中、印的世界第三位產業國的事實。而二十世紀，美國自一世紀後的一九二〇年代開始到今日，持續保持巨大的經濟力，所以主張美國帝國的強韌與健在。

關於軍事力方面，美國的軍事費用比法國、俄國更差，只占兩國的各八成左右，大戰過後世界軍事費支出過半，軍事費占GNP六％的美國與英國的確有很大的差距。因此強調昔日的霸權國——英國軍事的脆弱，以及今日美國帝國的軍事健在。

第二是質的不同。與大英帝國的情形不同，美國在霸權主義之下有不可或缺的正義邏輯，強調具有普遍度極高的人道主義、霸權主義的理念。拉塞特的解釋是：「美國文化的延伸，以及以某種意義而言，已經成爲一種共通財（共通善），可說是在全球系統當中的國家皆受到美國的影響，而這種影響被視爲是規範性的『善』，其他當事國全都是規範中的受益者，當然這也能夠成爲美國本身的利益……，美國文化霸權主義的影響長期持續下去——既深且長，直到今日仍然持續著並未衰退。」（International Organization, Sep. 1985, PP. 230－231）

北方鄰國眼中的美國

在加拿大受過高等教育的人，會成爲政治的爭論點。

在加拿大全國報紙『地球通信』中，有一篇關於美國與加拿大高等教育比較的特別報導，以批判的眼光來看美國的文化與社會，例如，文中可能會出現以下的冷靜美國觀。

「加拿大與美國不同，因爲得到政府補助，因此很多人能夠接受大學教育，我的朋友爲了能夠得到進入賓州大學就讀的特權，一年要花兩萬美元的學費。但是教育的品質和加拿大相同，我遇過一些畢業於哈佛或耶魯等優秀大學的美國大學生，遺憾的是他們並未給我強烈的知識印象……賓州大學雖有豪華的建築物和美麗的外觀，但是我覺得看起來好像城堡一般。我們的大學並沒有如美國大學般徹底的保安裝置。……每次我到那去參加會議時，我都很喜歡哈佛大學，但是當他們對我們說，在街頭有危險的地方，某個地區是惡名昭彰的『戰鬥地帶』，要我們不可靠近時，我就覺得很悲哀啊！不能夠離開哈佛地帶的安全天堂，是很痛苦的事情。」（The Glove and Mad, 7.31, 1993）

我自己在十幾年前，從七七年夏天到翌年晚秋的一年半時間，在哈佛當研究員，研究室在校園中，一到傍晚就有一些校園警察腰間掛著槍在校園內巡邏，這種「安全天堂」是迫於現實無奈而形成的。

三年前在墨西哥任教的時候，我遇到完全不同的美國像，換言之，即在墨西哥綻藍天空的對照下，卻充滿了黑暗的反美情節，我認爲在北方的鄰國，能夠以更冷靜的眼光來觀察美國，這就彷彿是半世紀前抵抗反共麥卡錫主義的風暴，直到最後選擇死亡，在信州長大的加拿大外交官哈佛．洛曼的智慧世界一般。在當時我們爲什麼對於「犯罪國家」——美國所發出的文化和民主主義給與至高無上的價值？關於這些拉塞特等人也能夠加以讚賞嗎？

接下來探討美國帝國與大英帝國的比較體制論，礙於篇幅的關係，只能討論一些重要事項。

締造第三世界的新科技

第一，在一八三〇年，當時大英帝國的工業生產力，比中國或印度更差的數字，使得我認爲將十九世紀世界看成是創造工業化的近代世界之想法是不正確的。

在一八三〇年代，印度就在大英帝國的殖民地統治之下，當時清朝的中國在南部地帶，事實上也成爲英國的半殖民地，倘若近代的特質是工業化，那麼當時號稱世界第一的英國（如圖1—1所示），本國的工廠生產了三二%以上，應該是由纖維機械

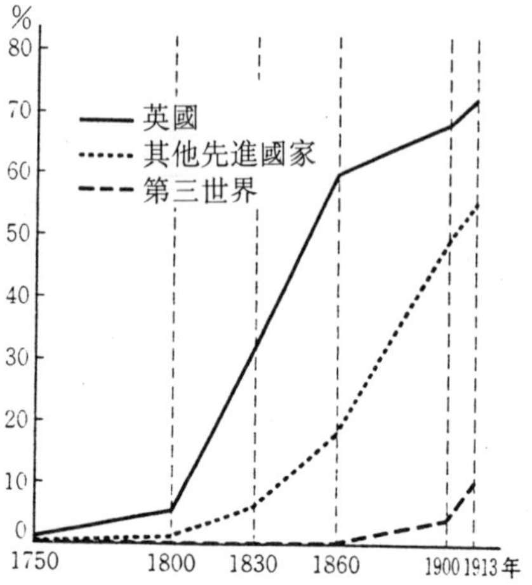

資料：P. Bairoch,「International Industralization Levels from 1750 to 1980」, Journal of European Economic History, Spring 1982

圖1－1　各國地區的全工廠生產所占的新科技產業的比率

所織出的新科技作品生產出來，包括印度、中國在內，第三世界的新科技製品卻不到一％，這是事實，也就是說締造產業革命的新科技，在西歐世界和非西歐世界之間產生很大的差距，形成由前者支配後者的關係——從屬關係，中國的絲和印度的茶成爲支配帝國的「從屬的糧食」。

第二，這件事情也暗示著二十世紀末的今日，美國帝國的結束。

的確，進行產業革命的大英帝國，造成十九世紀末的第二次產業革命，但是因爲「新科技的落後」，而使得工業生產和經濟力的霸權寶座（如圖1—2所示），拱手讓給了美國。同樣的，現在美國在半導體或電腦、生化科技等輕薄短小型的產業構造之改變當中，不得不身處於自己的霸權已經成爲過去式的狀況下。

在八〇年代拜金時代進行的技術超大國——美國不斷的凋零，而如圖1—3所示，高科技製品的貿易收支急速惡化，高科技技術轉移的波濤的確從歐美等大西洋世界開始移動到日本或亞洲NIES等太平洋世界中。

藉著八〇年代繁榮之賜，美國成爲軍事超大國，但以往的技術大國已經開始走向衰退之路了。

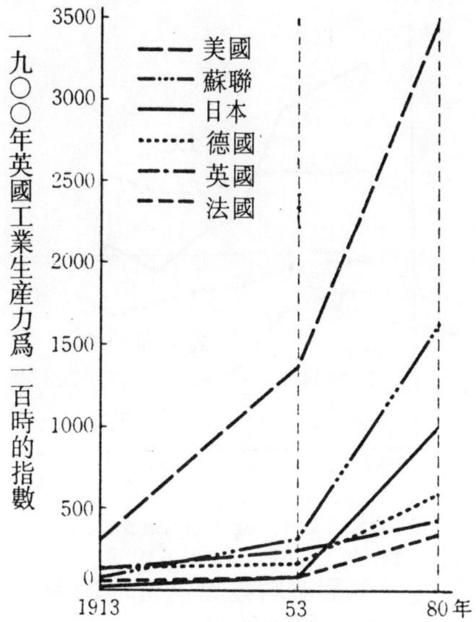

資料：與圖1－1相同

圖1－2　人口1人的工業化水準

低軍事成本的神話

第三，關於軍事力方面。的確，在十九世紀，英國軍事費用非常的低。GDP比爲二%～三%的支出，在國家預算中所佔的比率達三〇%左右的軍事支出，是爲了考慮當時國家沒有辦法充分支出民生費用的「廉價政府」的實際情形，才有如此的決定。但是二十世紀的

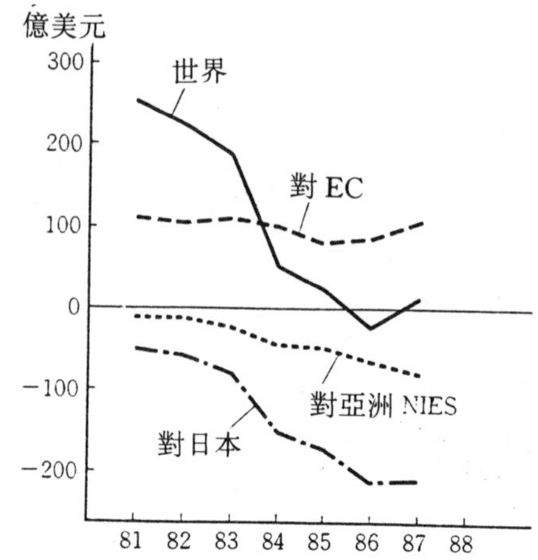

出處：U. S. Dept. of Commerce, U. S. Trade Performance in 1988

圖1－3　美國高科技製品貿易的對地區、國別收支

美國與其相比，則至少支出了數倍的軍事費用，拉塞特等人也指出了這個事實。

但是，我們卻注意到以下三點。

第一，就是它與十九世紀第三世界的國家主義的「相對衰弱」有表裡的關係。

第二，則是有八成的國家預算支付在戰爭費用上的十八世紀「英法百年戰爭」，以龐大的軍事成本爲基礎，而形成「相對的安定」的秩序。

第三，雖然是廉價的軍事成本，但是當時「先進、高科技武器」、軍艦的保有噸數，在十九世紀後半期，例如一八八〇年時，英國爲法國的二·四倍，大陸軍國家俄國的三·三倍，擁有尖端軍事武器。由此來看，大英帝國與拉塞特等大英帝國相對否定論者的主張不同，的確擁有強韌——「效率良好」——的軍事力。

反之，美國帝國的軍事成本非常的高，而且根據指出效率不彰，事實上，第二次世界大戰以後，美國龐大軍事支出，在國家預算中最多時占七成，最少時像越戰之後在七九年下降為二二·七%，但是，在雷根政權下又再度上升，而且在此遇到超越單純支配成本效率「好壞」的新現實。換言之，即在產業構造改變之下發展的「武器的變質」。

一九五〇年，韓戰爆發，造成武器及其技術資本集約度顯著增大。要製造大量的現代化武器須要更多的資本及技術，在技術研究開發的過程當中，必須要將許多的人材及資金，從民生移到軍事用途上。

八〇年代抬頭的資本主義充分運轉時，聯邦政府與以往兩次的拜金時代不同，開始將大量經費投入軍事，結果導致技術力相對降低，同時高科技部門的生產性與國際競爭力——也就是帝國的經濟力——降低。

不需要波爾·甘迺迪的指出，長期對海外的「帝國過剩擴張」，導致自己經濟力衰退以及國內社會的荒廢，對於國境外的「過剩擴張」，當然會引出國內衰退的結果，對國內社會資本及豐饒的侵蝕，可算是帝國的「向內的過剩擴張」。

二十世紀帝國的「向外過剩擴張」，藉著不斷增強軍事力，而吞食民生經濟，降低國際競爭力，在國內造成貧困和犯罪率增高，及社會的荒廢。社會的荒廢導致帝國文化的意識型態基礎（義大利思想家格拉姆西所說的）「倫理政治的力量」或「正義」的優勢性衰微。這些經濟力與軍事力和意識型態力量，三種帝國力量的衰退，會輕易造成第三世界的國家主義反抗，造成帝國力量再度下滑。

十九世紀近代的布幕，昔日隨著大英帝國的結束而落幕，現在二十世紀的布幕，將會隨著美國帝國的結束而落幕吧！由於不斷抬頭的新保守主義的意識型態，加速了帝國的結束，以及內部經濟與社會的荒廢。

第二章　意識型態的抬頭

——雷根經濟的光芒——

「自由的演變以及擴張，現在從兩個方向受到威脅。一邊威脅是……來自打算埋葬我們的克里姆林的壞蛋們的外部威脅。另一邊的威脅是……（目標為福利國的實現等）善意的人來自內部的威脅。……目標為福利國的實現而改革的「發揮政府作用的政策」，全都會引導將人類當成奴隸的全體主義國家的實現。」

米爾敦・夫里德曼

（Capitalism and Freedom, 1962）

一、餐巾上的曲線

重視供應派的登場

在華盛頓的一家餐廳裡，有三名男子在聊天。以往一直維持平衡的財政，連續三年出現了一百億美元的赤字，結果翌年一九七四年，石油危機震撼整個世界。

三人當中有一人叫拉法，當時他在桌子的餐巾上畫了一條曲線。而同席的報社副編輯瓦尼斯基事後將此事廣爲宣傳，也就是拉法曲線誕生的傳聞。

拉法後來在南加州大學執教，之後擔任雷根州長——已經成爲自由人士——的經濟顧問。拉法曲線象徵著八〇年代稅制改革理論的支柱。而其梗概成爲重視供應派的理論，簡要敘述如下。

美國經濟停滯的原因是稅率太高。看圖2—1上的M點右側，也就是稱爲禁止領域的A點位置，如果從A點朝向左側移動到B點時，則稅率下降，接近M點時，會刺激衆人的勞動慾望，同時所得和稅收會增大。增大收入和政府稅收，能縮減財政赤字，增大儲蓄與投資，促進國民經濟的活性化。

總之，藉著降低稅率，提高衆人的勞動慾望，可以增大給與和企業的利益，增加稅收，彌補減稅的部分。

面對的難題

八〇年雷根登場時，美國面對三大難題。首先就是以二次石油危機爲開端的一次產品價格爆漲，同時造成的通貨膨脹情況。其次就是隨著社會福利的擴充連帶擴大了財政赤字。第三則是勞動生產性降低造成成長率（與國民所得）延伸的鈍化，結果導致財政與貿易的赤字及失業率的增大。

再加上國內產業空洞化的發展，因此，對於站在二十一世紀入口的先進國家而言，的確是面對許多難題。

稅收
禁止範圍
M
B
A
0
100%

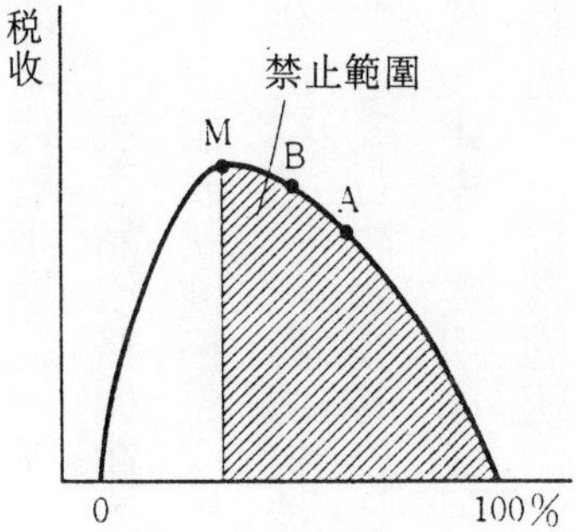

圖2－1　拉法曲線

七〇年代初期，一桶原油只有一位數（美元）的原油價格，上下波動到七九年伊朗革命時，一口氣上升了四倍，超過了三十美元線，通貨膨脹率在六〇年代前半期爲一%，到七〇年代後半期上升了將近一〇%。

一次產品價格低迷，工業加工製品價格上升，兩者價格差距形成好像剪刀般的形狀，這個鋏狀價格差成爲置身產業革命以後的工業先進國，及帝國豐富性的國際經濟關係的構造。但石油危機造成一次產品價格上揚，而鋏狀價格差開始消失。

造成石油危機的OPEC（石油輸出國組織）的反叛，以及越戰敗退以後的七〇年代後半期，從伊朗到阿富汗、尼加拉瓜等第三世界的紛爭，使得美國帝國從根底開始動搖，出現帝國統治的疲憊狀態。雷根的美國面對這一連串的挑戰，以及共產主義的威脅，因此要一方面強化軍事力，同時要持續維持巨大資本和富裕層，希望能夠復權爲「強大國家」。另一方面，則藉著進行削減社會福利成本，及限制緩和的政策，希望能夠實現有效率及競爭力的「廉價政府」。

凱因茲之死

太高的稅率阻礙勞動和資本的供給，成爲財政赤字的原因。因此減稅——和減稅所產生的（成爲生產要素的）勞動與資本的供給——使得停滯的國民經濟能夠活性化。國民經濟的活性化，應該是由減稅與削減財政支出，和自由民間活動所造成。而不是由凱因茲所處方的財政出動與增大「大型政府」的有效需求而造成的。

凱因茲誕生百年，恰好與馬克思死後百年重合來到了一九八三年。隨著百年將近到來，「凱因茲已死」的大合唱，隨著馬克思之死，一起在經濟學家之間廣為流傳。大家開始叫嚷著不要「大而昂貴的政府」，而要在「小而廉價的政府」之下，要求「強大國家」與帝國的復權。

此刻聽起來好像是單純的議論，但是在餐巾上單純的曲線，卻深深擄獲了衆人的心。對他們而言，無須複雜的經濟學議論，他們所要求的是從重稅感中解脫出來。

共有的重稅感

雷根可說是最能感受到國民重稅感的總統，事實上，雷根自己也承認七○年代美國國民共有的重稅感，令他想起三○年代自己擔任好萊塢演員時的體驗，當時由於戰時特別所得稅制，甚至最高稅率達到九○％，而演員雷根每年演出的劇本只有四本，其理由就是即使工作更賣力，收入也全部會用來納稅。

和許多美國人相同的，雷根也因為太高的稅率，而缺乏勞動慾望，認為這樣會奪走經濟的活性化，而這個拉法曲線的邏輯，事實上的確是具有說服力的邏輯，因此能夠擠身於政府哲學的中核。

雖然到了七〇年代美國所得稅率並沒有持續上揚，但是爲什麼仍然有很深的重稅感呢？那是因爲有「括弧曲線」的存在。

原本所得稅額是先按照一定的所得區分來分割，在事先決定慢慢的才會適用於較高的稅率，但稅制上，這個課稅區括弧的最後部分適用的百分率——也就是說所得新的增收部分（界限收入）適用的稅率——稱爲界限稅率。七〇年代通貨膨脹迅速，提高了衆人的所得，但也使得所得稅基本的界限稅率上升，無法平均的上升稅率，加深了衆人的重稅感。因此產生一種反稅情緒，化爲政治的爭論點。

七〇年代的二度石油危機——或者是第三世界的叛亂——直接衝擊先進國家的經濟。衝擊的程度在顯著浪費廉價石油，即成爲石油文明最大受益者的帝國大本營——美國最爲顯著。

遭受挾擊的中產階級

隨著石油價格的上場，造成通貨膨脹率上升，因此薪資也上升，所以衆人在年終納稅時，必須適用更高一位的界限稅率區分，這就是由於通貨膨脹而導致的界限稅率括弧上升的現象，即括弧曲線。

美國聯邦所得稅構造，在一九六四年最高界限稅率從九〇%下降到七〇%，基本上是根據新政時代所設定的累進稅體系，持續使用的稅制，因此如圖2—2所示，即使二八%以上的界限稅率，在六〇年代中期只適用於全納稅者（納稅申報者約四千萬件中）不到三%（約一一三萬件）的納稅者，但是隨著通貨膨脹，導致平均薪資上升，到七〇年代末期，其數字在全納稅者（約四三〇〇萬件）中，有一五〇〇萬件，大約爲三五%以上——即三人中有一人——適用高稅率。同樣的，適用界限稅率三二%的高稅率之納稅者數，在六〇年代時爲全納稅者的二%以下（約七十二萬二千件），但是到了七〇年代末期時，爲全納稅者中的九七八萬件，達到二二%以上。

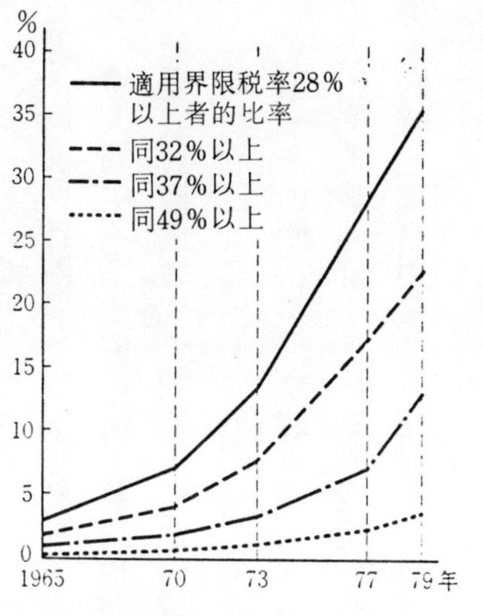

資料：涉谷博史『雷根財政的研究』，1982年

圖2－2　個人所得稅的上升（1965～79年）

換言之，即到了六〇年代爲

止，只有一些高額所得者層必須適用的高率界限稅率，經過十年的歲月以後，已經廣泛適用於國民各階層，可說中產階級是現行稅制與累進界限稅率構造的嚴重被害者。

廣大的中產階級開始為了負擔稅體系而喘息。原本有利於中產階級的累進稅，現在卻變成對他們造成不利的逆進性強稅。

而對於已經有所偏差的累進稅體系，還必須附帶以下三點。

第一、由於產業構造的改變，人口由東北部的下雪地帶——由鋼鐵、重化學等所構成的重工業地帶——移動到西南部高科技產業及軍需巨大裝置產業所構成的陽光地帶。同時，都市周邊的急速開發，導致近郊不動產價格上升。因此，居住用土地、建築物的稅金，與居民的收入無關，不斷的上升，再次直接攻擊都市的中間市民層。

七八年六月，雷根擔任州長的加州提出要求不動產保有稅一律降到五七%的「十三號提案」，由居民投票通過之後向議會提出，而以壓倒性多數通過，即所謂的「納稅者的反叛」。當時大肆喧騰的就是拉法理論。這個理論從西海岸開始點燃起反稅平民主義之火。

第二、民衆對稅制反彈和懷疑頗深的，就是社會保障稅。

社會保障稅的重壓

「你的社會保障編號是第幾號呀？」在美國生活時，每當被問到這個問題時，我都感到非常迷惑。我們和美國市民相同，從美國企業或機構得到薪水開始生活時，一定會有社會保障編號。

就好像身份證字號一樣，有繳納社會保障稅的義務，同時也享有老年年金和老年醫療保險等社會保障給付的權利，這些都是法律上規定的事項。美國九一%的給與所得者是給付的對象與納稅的主體，形成美國社會保障制度的骨骼。

問題在於此稅金，在美國的稅體系中是逆進性最高的一項。

社會保障稅與累進所得稅不同，不論納稅者的所得多寡，全納稅者一律要按照稅率繳納。而在所得中所佔的課稅對象部分的上限早已規定好，而且逐年升高。

隨著通貨膨脹和高齡化的進展，擴大了給付對象，因此要增加財源。而這均一稅率是附帶課稅上限的稅體系，但是在通貨膨脹下，結果更加提高了社會保障稅的逆進性，而增大了中產階級的負擔。

例如在八一年時，課稅收入相當於平均家計收入（二萬二三八八美元）的納稅者，適用於六·六五％的社會保障稅率，要徵收一四八九美元，而課稅收入十萬美元的高額納稅者，在收入中的課稅上限額二萬九千七百美元的保護下，只需要支付六·六五％（一九七五美元）的金額就足夠了。

換言之，即社會保障稅率若是平均家計收入的中等市民，需要繳納收入的六·六五％，但是對於十萬美元的高額所得者而言，只不過是一·九八％而已。

而且六〇年代以後到八一年爲止，消費者物價指數（CPI）只增加了二倍，但是社會保障稅的課稅上限額卻增加了六倍，稅率上升約二倍強，因此六〇年當時，例如年收入一萬五千美元的普通納稅者，要交一四四美元的社會保障稅（界限上限額四八〇〇美元中的三·〇％），而到了八一年，同樣爲中流市民（年收入爲三萬美元）則需要交一九七五美元（課稅上限額爲二萬九千七百美元，稅率爲六·六五％）。

提高逆進性的稅體系，使得市民之間對於現行社會保障制度產生了懷疑，增強了對於一般現行稅制的反感，更加速了反稅平民主義的潮流。

社會進化主義

第三，就是美國固有的民衆文化支撐這股潮流。這個文化是自五月號以來的移民和開拓的歷史，以廣大的邊界爲媒介，深深刻劃在民衆的心中，對於自助努力產生過度的信仰。

「我不知道還有比美國人對金錢更執著的國民了。」——曾經在資本主義勃興期，造訪美國的法國人特克威爾就是這樣描述美國的民衆文化本質。這文化本質就是過度自助努力信仰的反映。而這個民衆文化在一世紀後，到了一九三〇年代的新政以來，與成爲美國政府目標的「福利國」之間出現了潛在的衝突。

帝國擁有足夠的餘力在光輝燦爛的一九六〇年代爲止，兩者的衝突還未凸顯出來，但是隨著鋏狀價格差的消失、高通貨膨脹率以及不景氣的波濤中，人們以自助努力的民衆文化爲基點，而拒絕「大政府」論，促使新保守主義的抬頭。

對於這些民衆文化而言，進化主義是最適合的。換言之即弱者被淘汰，才能讓生物不斷的進化，這種達爾文的思想——進化主義——在新大陸比在本國英國更受歡迎。就在達爾文得到母校——劍橋大學頒贈名譽學位的十年前——就是馬克・吐溫擔任新聞記者在西海岸享有文名時——在一八六九年美國哲學會推薦達爾文成爲名譽會員，而這些知識世界的主流派，對於美國民衆文化很早就造成了影響。

對於自助努力的信仰與資本主義的精神相結合，不停要求私人利潤與極大化的效用價值之自私個人主義的思潮，被推擠到意識型態的中核，因此拒絕共同體主義。

並非利用社會連帶關係來進行「共同體的公益」與「個人的私益」之間衝突的調和，而是藉著「私益的極大化」，而產生「公益的極大化」，認爲弱者應該被淘汰的帝國思想，形成建立資本主義最適合的文化，美國帝國比過去任何一個帝國，更容易得到能夠謳歌開放的自由與慾望之文化的豐饒土壤。

右派知識份子團體

實際上有這個土壤使得拉法等過激派重視供應者的議論，才使得哈佛大學的菲爾德斯坦因，和史丹佛大學的波斯金等人成爲經濟學界的主流。也就是藉著這些重視供應的理論，承襲一個理論的世界。

而這些議論強調藉著操作市場與金錢，來營運國民經濟的市場萬能主義之金錢主義，抑或盡可能抑制政府財政支出，將經濟交由民間的作法才是正確的，而文森大學的布迦南（公共選擇學派）等人，則強調以衆人經濟行動合理預測性爲前提的政府經濟政策之界限，芝加哥大學的魯卡斯等人（合理期待形成學派）與其會合，建立所謂新保守主義經濟學的巨大洪流。

雷根政權的八〇年代，拼命賺錢與做生意的大富豪的企業文化，在社會進化主義的智慧土壤上，製造了第三度的拜金時代，也製造出雷根二期與布希一期所構成的十二年「雷根經濟時代」。

菲爾德斯塔因從八二年到八四年爲止，擔任總統經濟諮詢委員會委員長。而上一任的委員長則是華盛頓大學美國企業研究所長——瓦迪・波姆，到了八九年開始，布希政權下波斯金繼任委員長。瓦迪・波姆是強調緩和限制的經濟效用理論家，而波斯金則主張廢止資本收益稅，希望藉著提高消費稅率，代替資本收益稅，使得家計儲蓄率上升。

「對於希望政策向右轉的人而言，說服衆人的材料不可或缺的就是智慧的可信度。」（T. Edsall, The New Politics of Inequality, p.215）。這個可信度由喜歡權力的知識份子，操縱華麗的邏輯和數字來提供可信度。一躍成名的主流派知識份子團體的改革構想，簡要敘述包括減稅和削減福利，以及緩和規制、擴大軍備四點，而這些都是雷根政權下成爲現實的政策表現出來。

以下要來探討雷根經濟的展開。

二、「大政治」的展開

面對逆進化挑戰的稅制改革

雷根經濟的第一支柱是減稅。一九八一年向議會提出經濟再建稅法，得到壓倒性多數通過。而其梗概如下：

關於個人所得稅方面，根據經濟再建稅法，界限稅率三年內下降爲二五%，第三年到了一九八四年時，個人所得稅的累進稅率幅度從以往的一四%～七〇%，下降爲一一%～五〇%。其次關於法人所得方面，平均界限稅率從三三・一%下降到一五・八%，成爲過去五十年來最低的水準。

直接限制財富集中的唯一稅——遺產稅，大幅度被削減。換言之，即基本扣除額從一七萬五六二五美元上升到六十美元，結果遺產稅只有全美不動產頂尖人物的〇・三%適用而已。此外關於股票、土地的買賣資本收益方面，最高稅率在一九七八年卡特政權時，已經從四八%削減爲二八%，但現在又下降到二〇%，而且由於法人稅優惠措施的緣故，減價償還期間大幅度縮短。

後來雷根在一九八三年修正社會保障稅，到了第二期時，成爲一九八六年租稅改正法，徹底改革稅制。一九八六年的租稅改正法是將八一年所制定的從一一%到五〇%的十四階段（單身者爲十五階段）的界限稅率區分，簡化爲一五%與二八%的二階段。資本收益的最高稅率從二〇%降低爲一七·五%，法人所得稅簡化爲三階段，最高稅率從四六%降低到三四%。

抹殺了一連串的逆進化，確保稅的「公平性」，年收入七萬美元到十五萬五千美元的人，課徵五%的稅金，即課徵三三%的界限稅率，所得稅實質上達到三階段的簡化。而基本扣除額從一〇八〇美元倍增爲二千美元，零稅率的課稅最低額則提高爲五千美元。

包括有人批評是過度優待法人的做法，但是爲了促進設備投資的投資稅額控除（ITC）也被廢止掉，一九八一年導入的減價償還的加速償還優惠稅制（ACRS）也出爐了。IBM、GE等一三〇家大企業，從八一年到八五年間累計納稅前賺取了七三〇億美元的利潤，可是一分錢也無須納稅，這種逃漏稅的做法，藉著這些措施可以加以彌補。

但是這種確保稅的「公平性」的措施，主要的目的是爲了避免逃稅、實現同一所得階層內的「水平公平性」，而並非貧富之間，所得階層不同者之間的「垂直公平性」。總之，區分稅率的「簡化」，是爲了徹底改善由於八一年的改正而造成的逆進化，重新評估累進稅體系的作法，而第二次的拜金時代——「喧鬧的二〇年代」——以來下降到最低水準的（所得稅與法人稅的）最高稅率降低，足見其實行的徹底化。

但是逆進稅化，例如年收入九萬美元之夫妻共同工作的家庭，所得稅率爲三三％加社會保障稅率爲七·〇五％（一九八五年修改的稅率），納入四〇·五％的稅率區分中，而年收入十五萬五千美元以上的富裕層之界限所得稅率，僅止於一八％，象徵著「垂直公平性」的缺失。

被削減的社會保障與福利

雷根經濟的第二支柱就是太多的社會保障支出，也被雷根政權和重視供應派，推上批判的砧板上。要求改善社會福利「實行過度」的做法，建議提高社會保障的國民負擔率。

他們主張社會保障與福利，爲了減少勞動者將來的不安，要引出勞動慾望，降低儲蓄率。由於社會保障的「呑食」造成儲蓄率降低（即消費增加），結果下一代的儲蓄被現在的一代消耗掉，換言之，即失去了「世代間平衡」。基於以上的觀點，認爲應該正當的削減福利。

由於有關於社會保障與福利的這種邏輯存在，因此，全美社會保障委員會在一九八三年提出建議——社會保障稅的課稅上限額與提高稅率。卡特政權時，社會保障稅率爲六·〇五％，一九八二～一九八三年時增加爲六·七〇％，一九八五年增加爲七·〇五％，一九八八～一九八九年增加爲七·五一％，這個增稅的措施，與提前年金的開始年齡、和物價滑動制延期等，一連串福利負擔增加措施一併實施。

除了公教年金以外，美國福利改革的支柱就是以母子家庭爲主要對象的需要扶養兒童家族扶助制度（ＡＦＤＣ），而政府早在一九八一年時就已削減這方面的預算，因此，受給者大約五十萬人中有半數失去了受給資格，四〇％的扶助額減額，而能夠得到如以往般給付者只有一〇％而已，公家扶助的一環適合貧困者的糧票給付對象者，也減少了一百萬人。

削減福利的波濤也波及到醫療扶助制度。適合低所得層的醫療扶助制度，以往一半的費用由聯邦政府或州來補助，現在補助金被削減掉，六十萬人從扶助對象中被刪除。而無法接受醫療的貧困層，唯一可以依賴的醫療機構，鄰保保險中心的營運補助金也大幅度被削減，光是八二年就有超過二五〇家的中心關閉。

削減社會福利的行動、住宅補助，以及對於政府職業訓練等的聯邦預算的削減而更爲增強。住宅補助預算從一九八一年的二七〇億美元，開始到了布希政權下的一九八九年減額到了三分之一以下。七〇年代，二十萬戶新建、改建住宅可以得到補助，但是一九八六年時銳減爲二萬七千戶。而教育、訓練、雇用相關預算的聯邦支出比，在雷根政權開始時爲四·五二%，到一九八七年時縮減爲一半。

一連串社會支出削減政策是在新聯邦主義之名下，將其正當化。限定聯邦政府的任務主要在於國防、外交等「大政治」相關項目上，而配合福祉、教育、醫療等市民生活基礎需要的「小政治」相關事項，則交由州政府來管理，政治學者們提出「政府間關係論」的理論基礎，像先前談及的減稅政策和「大政治論」——即「廉價政府論」——就是這個理論的實踐。

廣泛的規制緩和

雷根政權下的「廉價政府論」或「大政治論」的實踐，也波及到雷根經濟的第三支柱——共和黨派或新保守主義者派的規制緩和。

首先，對於企業活動方面，政府規劃增大，就是考慮生產性降低，以及通貨膨脹的要因。由政府放鬆對於進行企業活動的限制與介入之後，就能藉著民間活力而開闢活性化的道路。

規制緩和本身在前任者卡特民主黨政權下就已著手進行了。但前任者主要是爲了擊退二十世紀初期抬頭的企業合同，而建立了（金融、航空、服務、卡車運輸等範圍）的古典經濟限制的緩和，而且僅只於經濟政策的輔助手段而已。

而雷根的規制緩和政策則是爲了達到經濟成長的宏觀經濟的主要手段之一，緩和對象不只是卡特政權時反企業合同的經濟規制，甚至擴大到了七〇年代建立的（爲了保護消費者而建立的）社會之規制。即是包括環境、製造物、勞動安全、平等雇用、能源、海外腐敗慣性的防止等等各種規制的緩和。

而且卡特政權下，反企業合同經濟規制緩和（違反當初推進者的意思）誘發金融危機，開始損及消費者的利益，但是，雷根政權並沒抑制這種經濟規制緩和的動作，反而加以促進。

例如八〇年代初期，爲了消費者而設的居住用不動產資金融資機構S&L（儲蓄貸款工會），由於一九八〇年金融制度改革法撤廢了儲蓄利息規制，因此限入了經營危機中。利息自由化造成利息上升，提高了資金運用成本，在資金的運用上，造成收益的惡化，使得許多的S&L陷入經營破綻危機中。

面對S&L的危機，雷根並沒有進行利息規制的再制定與強化，反而在一九八二年制定了儲蓄金融機構法，因此，緩和了S&L設立許可的基準，擴大融資、投資對象，更為緩和金融業務的限制。像柯林頓夫妻擔任州長的一九八四年，動用不動產公司的資金，這一件懸案，就是因為S&L限制緩和所造成的。

雷根擴充軍備之路

雷根經濟最後的支柱就是擴充軍備。雷根經濟除了這一連串財政、經濟社會改革，相關的「小、廉價政府論」的實踐之外，也將觸角伸到國防、外交為軸的「強大國家」的志向上。雷根政權的戰略家在「蘇聯共產主義威脅論」之下，開始推進正當化的軍隊擴充之路。

他們認為七〇年代後半期，第三世界的叛亂和紛爭是由共產主義蘇聯所製造出來的，而二度來臨的石油危機會擴大這種威脅。認為蘇聯和「傀儡」們打算毀壞西方的資本主義體制。而爲了處理這種威脅，美國和西方國家要增大自越戰結束後削減的軍事預算，想要藉著軍事力的強化、而尋求體制與秩序的安定，而且軍事支出的增大，還包括軍需產業在內，希望對於美國產業全體的復權能夠有所貢獻。

因此，建議增強軍事力、推翻縮減軍備的做法，提出了史塔·瓦茲計畫，希望能夠使得蘇聯的核子武器無力化，而且推出了六百艘大艦隊構想。

爲了使「惡帝國」——蘇聯經濟疲弊，美國強化軍備，就會迫使蘇聯擴大軍備。海耶克漢、夫里德曼等新保守主義思想者認爲在強大軍事力支撐下的「強國」的邏輯，能夠迫使社會主義或計畫經濟的運作成爲「隸屬之路」，因此蘇聯威脅論者的「強國論」，和夫里德曼、菲爾德斯坦因等人的「廉價政府論」達成協調。

美國經濟看似再度恢復了活力，成長率從一九八二年的負成長，到了一九八三、一九八四年各自上升了三·六%、六·八%，有超越日本的趨勢。這個繁榮產生了國民景氣好轉的感覺，顯著的提高了消費性向。

事實上，民間消費支出的增長率從一九八三年到一九八五年爲止的G7中，幾乎出現最高值，一九八三年到一九八八年爲止，平均消費支出的增長率爲四·〇%，這是從七〇年代到八〇年代初期爲止，四年內平均一·一%的四倍，是優於七〇年代平均二·九%的水準。

而且政府消費支出急速延伸。雷根經濟最盛期的平均增長率四·七八%，超過了七○年代平均的○·四五%，同時也超過了七○年代末期到八○年代初期，四年內平均一·五三%的水準，相當於同時期（一九八四～一九八七年）G7平均的三倍。

一九八八年夏天，我造訪美國，這一年美國和我以往所見的完全不同。在越戰時，都市荒廢的六○年代末期之美國已經不存在了，也不再是石油危機與越戰後的七○年代末期的美國。

從白宮貫穿中心街，老舊住宅全都拆除，陸續興建了辦公大樓，波士頓附近充滿著許多建築物。以往難以想像的摩天大樓到處林立，而我所借住的學校旁公寓的租金上升為十年前的三倍。這種繁榮的景象在同年秋天我造訪了佘契爾主義下的英國時也親眼目睹了。停留在倫敦的幾名記者，看到這些繁榮的景象讚嘆不已，但是他們還是會感到懷疑。甚至連我也都感到有些懷疑。

雷根經濟——與佘契爾主義——展現耀眼的光芒。而這個光芒隨著蘇聯型社會主義的瓦解更增添了光輝。但是所有的光都有影子尾隨在後。光越強，影子就越深、越長。在次章就來探討這長又黑的繁榮陰影。

第三章　消失的夢

——分極化的社會

「美國的夢褪色……年輕人失業，也許無法擁有自己的家園。……美國民主主義制度雖然在世界上受人羡慕，但是市民最關心的公共上諸問題卻無法解決……持續十年以上財政赤字使政府麻痺了。」

艾利斯・M・里布寧

（Reviving the American Dream，1992）

一、擴大的差距

貧窮化的加深

人類藉著機會與努力能夠成爲百萬富翁或者是總統，至少可以享受比父母更富裕的生活。這個「美國夢」支持著社會進化主義的民衆文化。但這個夢開始消失於雷根＝布希十二年共和黨支配的歷史中。

雷根經濟與重視供應派的理想不同，並未爲大多數國民帶來財富，也未增加美國的財富。對許多國民而言，兩次減稅改革並不意味著減稅而是增稅，眞正享受到財富的是，所得階層在上位的最富裕者，貧富間的差距持續擴大。要製造出與昔日拜金時代相同的二十世紀末的拜金時代或「分極化的社會」。

富者更富……

「富者越富，貧者更貧。」——馬克思昔日理論化的絕對貧窮化的現實，已經出現了。

二〇%的最富裕者得到全美收入合計一半以上的收入，而且最富裕層內，最富有的富豪層與非最富有的富豪層之間，也有很大的差距。

合計美國全世帶的收入，造成收入比率增加的，在最上位二〇%的富裕層中只有頂尖的五%而已。也就是剩下的一五%（中產階級以下，看來還是認爲非常有錢的）在美國所有富翁當中，所佔的比例是較少的，眞正得到收入的是，頂尖一%的大富豪層。

將全世帶的收入分布分爲十分時，在上位的第九、十分的準領先者一〇%的富裕層其收入的增加，只是頂尖一%富裕層收入增加的七分之一而已。

貧富差距的擴大，由圖3—1表示不平等指數的吉尼係數就能夠明顯的看出來。換言之，即表示平等化傾向的六〇年代朝右下降的曲線，到了八〇年代以後，反轉爲表示不平等化傾向的朝右上方的曲線，逐漸遠離平等化的極大值0，而接近不平等化的極大值1。

爲什麼貧富差距到八〇年代持續擴大呢？爲什麼富豪層更富有，而許多中產階級卻「沒落」，國民大部分都很貧困呢？

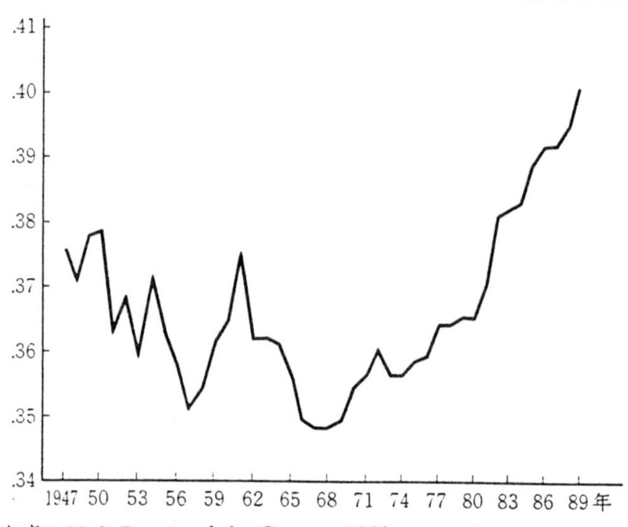

出處：U.S.Bureau of the Census，1990

圖3－1　家計收入的吉尼係數

稅逆進化造成的

首先，我想指出的是八〇年代的二度減稅改革所具有的增稅效果。正確的說法應是以前在卡特政權下，一九七八年稅制改革以來的一連串稅制改革，出現了增稅效果。

七〇年代末期以來的稅制改革，雖然是以減稅爲口號，但是對大部分的國民而言，卻意味著增稅。而且稅制的改革對於最下層的貧困者（富裕層以下，全階層當中唯一的受益階層）而言，雖然帶來總額八億美元的實質所得還元。但是，貧困者的減稅總額（貧窮者以下的唯一受益階層），只是最富裕階層中頂尖的一％富豪層所得到的減稅總額八三七億美元的百分之一以下而已。

重視供應的稅制改革，對於全美世代的八成大部分國民而言，意味著增稅。不只是個人所得稅體系的逆進化而已，包括法人減稅或收支淨益在內的資本稅的減輕等，以及富者優惠稅制改革都意味著增稅。

越到所得階層的上位——即越富裕的話——在收入中所佔的給與部分的比率就會降低，反而是包括（配股或利息收入、資產借貸金額在內）的資本收入的比率會增加，因此與資產和法人所得有關的減稅，發揮了優待富者的效果。

例如：上位二〇％——中上到中下——廣義的中產階級，資本收入只有六～八％。對於頂尖的一％富豪層而言，資本收入達到全收入的一半（四六·四％）。因此，對於資本收入進行大規模減稅的雷根稅制改革的減稅效果，當然對於富裕層更有利，而成爲增加貧富差距的要因。

所得差距連帶造成資產差距，加速財富不平等的構圖之出現。這構圖就是圖3—2以階層別畫下八〇年代財富增減軌跡的圖。

頂尖〇·五％的大資產家們包括資產在內，財富總量六年來增加了四成。這些擁有全美純金融資產總額一半以上的頂尖一％的最富裕層，享受大資產階級們的盛宴。

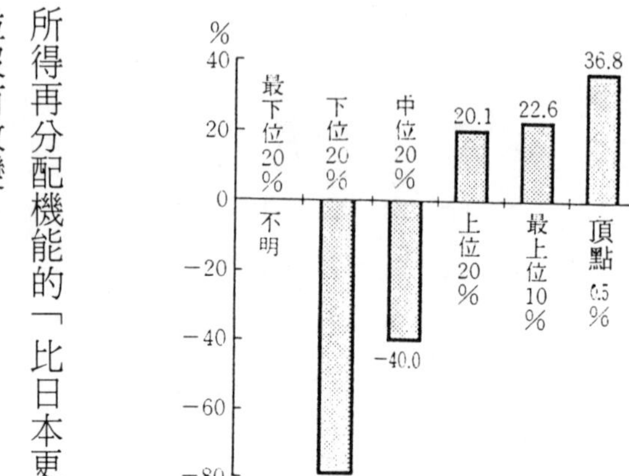

出處：Wolf, E. N., Trends in Household Wealth During the 1980's

圖3－2　階層別財富的變化（1983－89年）

不容易填補的逃稅漏洞

這些資產差距受到一連串法人優惠稅制的支持。前章中也敘述過，八一年稅制改革產生強力法人優惠制度中，大部分都在八六年稅制改革中予以修改，特別要填補逃稅的漏洞。

因此，八六年的改革得到日本的美國研究者們（例如：東京大學佐佐木毅教授）評價爲與八一年改革不同，能夠維持所得再分配機能的「比日本更公正的稅制」，而實際上雷根稅制的法人逃稅基本系統並沒有改變。

八六年的改革在聯邦稅體系中，對於債券的利息支付與對於配股的支付不同，並未納入法人費用算定的課稅收入對象中，而法人則巧妙利用這種構造，在高利息下對於借貸的依賴度比對於股票的依賴度更高，反而使稅負擔率持續下降。

結果成為課稅對象的法人利潤縮小，非課稅利潤增加，而總利潤中所佔的法人實效稅率銳減。從四〇年代到五〇年代五〇％左右的實效稅率，到了九〇年代初期降低為一半以下（表3—1）。GDP中所佔的法人稅收從七七年的三％到了九一年減少一半，成為一·五％。成反比的則是法人總利潤的GDP比，從八〇年的四·一％增長為九一年的六·三％，增長了五〇％以上。

表3－1 法人利潤稅率

	對課稅利潤稅率	實效稅率
1947	37.1%	50.9%
1957	48.0	48.6
1967	41.2	34.5
1977	37.8	36.8
1980	36.9	37.4
1985	42.2	22.4
1989	39.4	24.6
1991	41.1	24.0

註：只限於非金融法人
出處：U.S.Dept. of Commerce, National Income and Product Accounts, 1992

金降落傘

一九九二年一月，布希總統（當時）跟隨全美十九家超巨大企業經營者一起到日本時，他們的年薪和日本經營者相比，差了很多位數。

根據報導，其中的會長艾亞克卡的年薪為三億五千萬日幣，為日本頂尖經營者平均年薪的十倍左右。

法人利潤的增長提高了如艾亞克卡這

些巨大法人頂尖經營者的退休金——三千萬美元以上，即在七九年以後十年內，扣除稅款前只增加一九％，但是扣除稅款後卻增加了六三％。

這增長率除了同樣導入富者優惠稅制的佘契爾政權下的英國（一二五％）以外，不僅壓倒了先進國家頂尖經營者的平均年薪的增長率（八九年扣除稅額後），而年薪平均總額四二萬九一〇〇美元為英國的三・六倍，德國、法國的四倍以上。

但是與企業經營者年薪成反比的，則是一般勞工的薪資降低，他們的派持續縮小。薪金降低的現象在八五年以後加速出現，甚至波及白領階級。

八〇年代，製造業從事者的勞動時間的報酬增長率比先進國家所有的國家都更低（參照圖3—3）。經營者與勞動者的薪資差距比任何一個先進國家都大，高達一七・五倍。也許有的人會反駁道：

「這只是中下階層單獨收入一代的情形。當然在八〇年代增大的夫妻共同工作的這一代則另當別論。」就好像在日本DINKS——沒有孩子的雙薪家庭——予人生活豐裕的印象一樣。

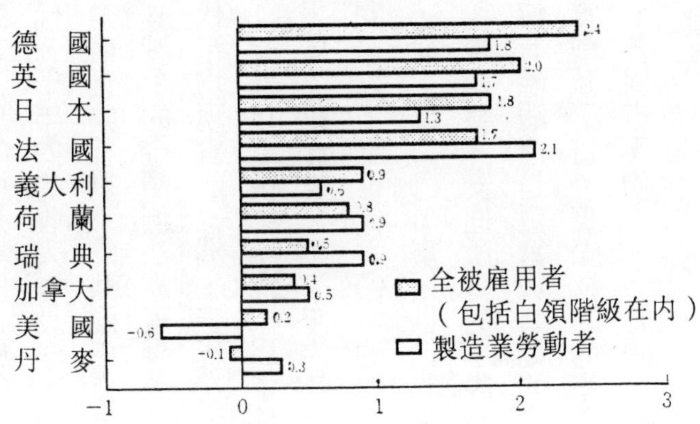

出處：U.S.Dept.of Labor, Underlying Data for Indexes of Output, 1992

圖3－3　製造業勞動者的報酬增長率的國際比較（1979－89年）

DINKS的神話

的確，夫妻一起工作這代在全世代中所佔的比率，從七三年的三三·五%到了八九年增加爲四五·七%。從七九年到八九年的十三年內，收入增加的只有共同工作的這代而已。換言之，他們的確可以享受比較富裕的生活。

但是，在這些共同工作的這代中，如果把焦點集中在有小孩的平均共同工作的這代上，在此就浮現了「分極化社會」的問題。

有小孩的雙親家庭這一代中，收入的增長率只有豐富的上位四〇%的世代而已，其增長率在十年內達到一二%；而中位的二〇%的增長率僅止於〇·四三%。在其以下的中下與最下層二〇%的共同工作一代，十年內的收入增長率，前者爲零，後者則爲負三·九%。

而且中下以下的共同工作世代，世代收入的減少是因爲丈夫的收入大幅度減少，而其減少的金額無法靠著妻子共同幫忙工作來塡補。因此，浮上檯面的則是共同工作世代平均現實的一端，表現在太長的勞動時間上。

七九年以後十年內，爲了塡補平均世代收入減少的問題，而發揮主力工作的妻子們，爲了薪資收入而工作的勞動時間，一年爲二六八小時，約增加了三成。其中佔了中間層以下全世代六〇%的「有小孩的結婚世代」的妻子們，勞動時間的增加達到四成，而上位二〇%富裕世代的妻子們，勞動時間的增加達到二倍。

米西魯·安迪所寫的小說『桃子』中有時間小偷登場，諷刺現代外觀上的豐富，即擁有餘暇才是豐富與幸福的實際存在條件。八〇年代在豐富的背後，分極化的社會確實削減了這「實際存在的幸福」。

普通市民們——「時間小偷」的被害者——的家計收入，還受到二種薪水外負荷的壓迫。

持續壓迫的「看不見的稅」

第一是，吃重的間接稅。

這「看不見的稅」是一般消費財所課徵的營業額消費稅，以及煙、酒、汽車等大衆奢侈品所課徵的間接物品稅。不論哪一種稅，富者和貧者都是以均一的稅率被課稅。

此外，一些例外的一定商品則擁有非課稅待遇，不過課稅對象品或多或少都與民生消費財有關，所以本質上具有逆進性。這和日本的消費稅也是相同的。

尤其像八〇年代，富裕層所得與消費增大，中下層階級的薪資降低，造成這「肉眼看不到的稅」對於家計的負荷要因增大。

不只是間接稅，同樣是屬於逆進非累進課稅源（前述的社會保障稅等）的比重，在重新評估直間比率與新聯邦主義下的「政府間關係」二個大義名分下增大，強化州、地方稅。這強化再次成爲勞動者家計負荷要因。

九四年九月，新連立政權下的日本在重新評估了「直間比率」與「政府間關係」的理論下，創設了「地方消費稅」所具有的大衆增稅的本質與此相同。

高升的準公共費用

第二種「肉眼看不到的稅」，就是所謂的準公共費，即居住費、教育費與稍後會談及的醫療費的高升。

例如：住宅取得費從七〇年代後半期到八〇年代達到顛峰，而租金在八〇年代後半期也急速上升。單身一代住宅購入平均價格在八二年為六萬九千美元，到九〇年代上揚為十二萬美元。

加上實收入的相對停滯，紐約、波士頓等東部地帶居住費的高升，已經從二倍到達三倍，對於庶民家計——尤其是沒有住家的年輕層和下層階級——是重大的壓力。

教育費包括大學學費的高升。如果家中有二個孩子唸大學，大學教育已經成為「普通教育」化的美國，對於中下階層的家計造成深遠的影響，這是可以想像得到的事實。

而且偏差值最高的名門大學大都是私立的，而在美國非常奇怪（?!）的是偏差值越高的大學，學費越高。

換言之，在私學中心主義教育系統下，雷根政權進行削減學費公費助成金的時候，不只是貧困層，連中產階級的子弟們都失去了接受良好教育的「機會自由」。包括住宿費在內，學費平均額從七九年的五二〇〇美元，到了八九年增加了三成，而政府獎學給付額，從七九年的三三〇〇美元削減了大約三分之一。因此，中下階層大半無法藉著家計收入來供應子弟的學費。

「以前藍領階級的孩子們希望承父之衣缽到工廠去，賺取時薪十三美元或十四美元的薪水，希望能成爲中產階級，擁有一輛車子和湖畔邊的一戶住宅，這樣就能供孩子上大學。」（K. Phillips, The Politics of Rich and Poor, p. 19）但是現在這已經是不可能達到的夢想了。

勞工的薪水降低，妻子們必須一起外出工作。但是社會分極化的動態不斷進展，富裕層更富有，經營者們的報酬更增大。

但是與重視供應的主張相反的是，經營者的報酬增加，資產家的財富累積，然而政府的稅收並未增大。資產家們並沒有把增大的財富充分應用在貯蓄或投資上，因此產業競爭力無法輕易恢復。反之，巨額貿易赤字和接下來所探討的財政赤字不斷膨脹，出現與拉法曲線完全相反的結果。

二、增大的財政赤字

持續增加債務

美國的財政收支在雷根政權展開時，聯邦政府的收支在前年（一九八〇年）的一五〇億美元的赤字增加爲約六百億美元的赤字。全政府收支也由一百億美元的赤字變爲三四五億美元的赤字。八二年以後，聯邦政府收支和全政府收支都達到一千億美元的赤字。布希政權結束時，聯邦政府收支和全政府收支都達到三仟億美元左右，GNP五％左右的赤字。

財政赤字的問題不只是赤字的問題而已，同時爲了塡補赤字，政府必須要借貸，因此形成債務。債務需要支付利息，而利息不斷增大。因此，政府稅收大部分都用來支付塡補赤字的利息，所以，沒有多餘的錢應用在民生預算上。

實際上，爲了塡補每年的財政赤字，政府借貸的債務在八〇年代後半期，年平均GNP比達四·二％。除了戰時以外，創下美國史上最大規模的債務。

爲什麼財政赤字會持續膨脹呢？有人認爲這是聯邦政府過剩支出所造成的。歲出多於歲入的增長，尤其對於社會福利的過剩支出，是持續膨脹的財政赤字的主犯。

但是這主張正如J・馬雷（耶魯大學）所指出的，並不是正確的說法。

的確，社會福利預算的項目包括老年、遺族、殘障、健康保險（OASDHI）支出總額，不斷地增加。

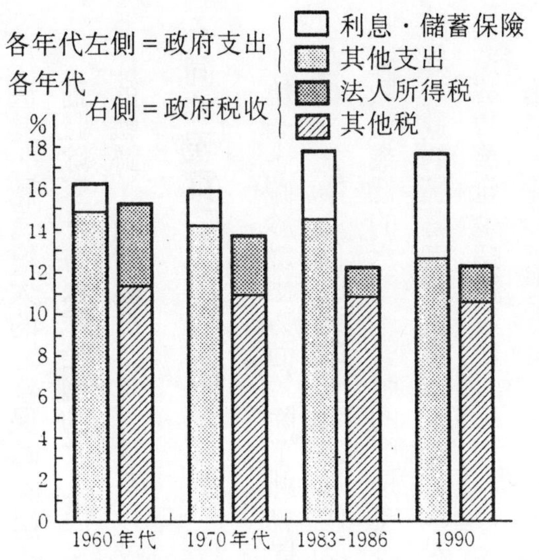

出處：Budget of the United States Government, Fiscal Year 1992

圖3－4　聯邦政府的收支內容的對 GNP 比（但是社會保障 OASDHI 除外）

持續增加的社會保障支出全都是由國民所徵收的（當成福利目的稅徵收）社會保障稅來支付的。不僅如此，社會保障稅持續地增大，而經由社會保障稅所得到的社會保障信託基金中，撥出了社會保障支出分更多的借貸金，借貸給政府。借給政府的總金額在一九九〇會計年度爲GNP的一・三％，達六九〇億美元。

因此，認爲增大的社會保障支出是導致財政赤字的主犯，這種說法是錯誤的。

而且除了社會保障相關的收入與支出之外，六〇年代以後聯邦政府收支的對GNP比的軌跡，請看圖3－4，就可以發現具有以下不同的現實。

不同的現實

第一，關於歲出方面，除了社會保障支出（非社會保障）的政府支出，即民生支出在GNP中所佔的比率，六〇年代以後持續降低。一九九〇年降至一三％以下，縮小至戰後最低的水準。對照的則是支付國債的利息遽增，而按照金融自由化和民營化路線前進的儲蓄借貸組合（S&L）大都瀕臨破產危機。爲了解救破產的危機，因此又造成救濟資金持續增加。

第二，關於歲入方面，除了社會保障稅（非社會保障）的聯邦稅收，在GNP中所佔的比率從六〇年代的一五・五％，到九〇年代下降爲一二・五％。在下降的（非社會保障）的聯邦稅收當中，減少最大的是法人稅收。六〇年代，GNP比佔三・八％的法人稅收，在八三～八六年縮小爲一・四％。雖然後來恢復了一些，到了九〇年時則爲一・七％——六〇年代的一半以下。這是法人稅減輕化的稅制改革，當然會出現的現象。

第三，因此持續膨脹的財政赤字的第一要因，絕對不是社會保障費的過剩支出，反而是雷根政權下增大的軍事費，以及過度民營化路線的陷阱S&L救濟資金，以及支付國債的利息等爲主因。

如圖3—5所示，即爲了救濟S&L的儲蓄保障資金大約六百億美元，再加上大約二八〇億美元的軍事費增加的部分。在八〇年代所增加的支付國債利息的九四〇億美元，把這些軍事費和支付國債利息的增加部分全部加起來計算，支出增加部分的總額達到一八二〇億美元。

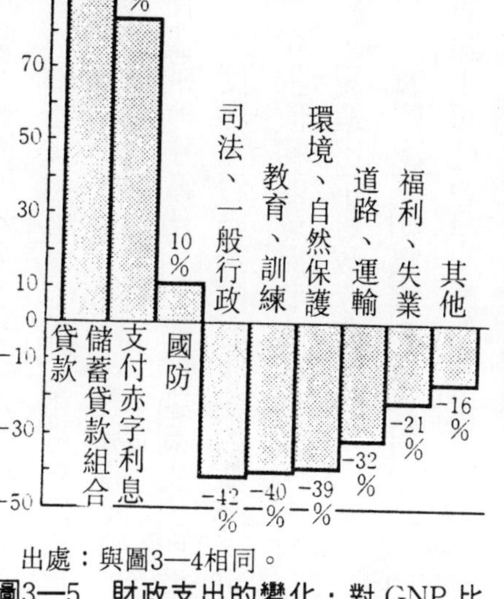

出處：與圖3—4相同。

圖3—5　財政支出的變化・對GNP比（1980—90年，不過社會保障OASDHI預算除外）

共和黨政權一〇年內，與增大的歲出項目形成對比而減少的歲出項目，則是從治安、警察費到福利、失業對策費等，與市民生活息息相關的基本民生支出項目。減少總額達一三〇〇億美元。對GNP比從九・七%大幅度縮小爲七・

四%。一世代減少了一二六〇美元。

由此我們可以了解到和重視供應主義者的主張不同的是，財政赤字的主因並不是由於社會保障費的過剩支出所造成的，也不是由於警察或道路、運輸等民生支出——所謂的「小政治」——的過剩支出所造成的。

反之，看聯邦政府收支的軌跡，可以發現政府債務的增大和支付利息的增大，以及產生債務的政府收入的缺損，還有法人稅削減和富裕層資產和所得一連串的減免措施，製造出了財政赤字。

實際上，如果沒有這些對於法人和富裕層的減稅措施，則過去十五年的政府債務實際上可能會減少爲一兆美元。這一兆美元負債的增大光是支付利息，在九二年造成了八一〇億美元的財政赤字。

一%頂尖的最富裕層利用九二年減稅，而得到了總額約八四〇億美元，再加上支付債務利息的八一〇億美元，總計一六五〇億美元——合計額相當於造成「分極化社會」財政缺失的總額。這總額與九二會計年度到九三會計年度，財政赤字追加部分的一四三〇億美元合併計算，約達到三千億美元。這總額可以說是雷根＝布希共和黨政權下所留下的負遺產的總體。

表3－2　階層別消費動向
（全世帶消費所占的比率）

	第1・五分位	第2・五分位	第3・五分位	第4・五分位	第5・五分位	計
1960－61	8.2%	14.0%	18.3%	23.3%	36.2%	100%
1972－73	9.3	14.5	18.5	23.0	34.7	100
1980	8.4	14.0	18.5	23.2	35.9	100
1988	7.5	13.5	18.2	23.6	37.2	100
1980－88的變化	－0.9	－0.5	－0.3	0.4	1.3	

出處：House of Rep. Ways and Means Committee, Changes in Family Income Shares, 1991

投資沒有增加

雷根政權下的減稅措施結果並沒有增加稅收，政府稅收幾乎沒有增加。不只是稅收，連儲蓄和投資也沒有增加，只是持續減少而已。

八〇年代投資的低落，像非住宅用純民間投資，從七〇年代初期的四・四%，到了八〇年代末期減少爲二・八%。GDP中所佔的國民總儲蓄率，從七八年的二一・一%降低爲九〇年代的一四・四%，減少了三成以上。

得到減稅優惠的有錢人，大都並沒有進行儲蓄或投資上，反而把過剩所得用在消費上，造成八〇年代美國消費旋風。

但是，消費旋風的關鍵與許多經濟學家（例如：東京國際大學教授篠原三代平）所說的不同，並非普通庶民所掀起的旋風。從八〇年代到八八年爲止，造成消費大幅度伸展的是，所得階層最上位二〇%的最富裕層，而其次則是位置在上位二〇%的中上階層。其增長率只有〇·四%——只是勉強達到六〇年代的消費水準而已。與其對照的則是包括中位二〇%的全美世代的六成。八年內的消費反而縮小了（參照表3—2）。

由一九八一年稅制所形成的新的投資刺激政策，以及八六年稅制中的法人減稅，並沒有達到提高設備投資的效果。因爲減稅而得到的資金使得頂尖經營者的報酬增加，成爲直接攻擊八〇年代美國經濟的企業吸收合併（M&A）的資金。

因爲，雷根的減稅而造成所得增大的有錢人們，與拉法等人的預測相反，首先購買最新型自家用飛機一架。其次（在雷根稅制下）不需要付稅就可以購買第二棟別墅，而這時候——如艾亞克卡所作的——飛往巴哈馬或尼斯，去三度蜜月。

這就是拉法曲線——與雷根經濟——的歸結。

第四章　打擊「福利國家」

——帝國的「對內過剩擴張」——

「由歐洲經驗來看，美國的財政問題並不是在國民福利上有太多的支出，而是支出太少了……。法國人或德國人對於高的稅金更為寬大，是因為這些人（尤其是中產階級）能夠得到來自國家更高水準的恩惠，這是不容忽略的事實。」

迪威德．卡雷歐

（The Bankrupting of America, 1992）

一、失去的社會價值

某間流浪漢之家

九三年五月，我造訪華盛頓DC的流浪漢之家。收容人員爲一三六五人，是DC地區最大的流浪漢之家。在勞動省的斜對面參觀的時候，正好看到揹著背包，二手抱著一些家當用品的新加入者被帶到其床位。有黑人，也有白人。

根據統計，全美的流浪漢五一％是黑人和少數人種，高中畢業者爲四五～五〇％，三四％擁有家人，平均年齡爲三十四歲。單身者五一％，女性一二％，而四分之一至三分之一的流浪漢都罹患精神障礙，或者有些是愛滋病患者。例如：在芝加哥市的愛滋病患者（五萬～七萬）約四分之一都是流浪漢。

餐廳是從DC市內的飯店收集殘肴剩飯，加熱以後免費供應這些人作爲晚餐。他們並沒有加入醫療保險中，因此，只有市內的黑人系夏威夷大學的醫學生們以義診的方式前來看診。依照創始者的想法，流浪漢的正式名稱應該是「創造的非暴力共同體

（CCNV）」。

收容在那兒的一千名以上的男女和全美數百名流浪漢的存在，就象徵著今日的美國。美國財政專家認爲，財政與GDP中所佔的醫療等社會福利相關費用的上升理由之一，就是美國主張「福利國家的成熟化」，但是現實與理想的距離還差一大截！

即使不能靠著機會和努力成爲百萬富翁，最低限度應該保障像人類生活的權利——即所謂的社會保障——這是近代國家最低限度的條件，也就是社會的最低價值。但是在美國一個晚上平均有六十萬，一年有二百萬的流浪漢露宿街頭。八〇年代增大的流浪者可以說是福利國不成熟的象徵，因爲不成熟，因此讓我們了解到雷根經濟對於社會造成的打擊非常大。最沈痛的問題是，關於雇用方面的打擊。

原本在美國的歐洲式的失業救濟的想法很淡薄，失業政策方面，預算規模本身只是歐洲的數分之一而已。這麼少的預算又在雷根政權下被削減掉了。

結果失業對策預算八八年GDP比爲四・八三%——是法國、德國的三分之一，瑞典的四分之一。公共失業對策費等所構成的勞動政策預算更少，同樣是GDP比爲〇・二四%，是瑞典的九分之一；德國的四分之一。後者預算的主要項目公共失業對策事業，隨著雷根政權的登場遭到被撤廢的惡運。

公共性的貧困

第二的痛擊，加諸在母子世代上。

美國並沒有有如歐洲一般的兒童扶助制度，勉強制訂了對於母子世代等的扶助制度，也就是所謂的要扶養兒童家族扶助（ＡＦＤＣ）制度。但是這些制度在後來被批評爲會使受給者失去工作慾望，而且增大的ＡＦＤＣ預算被視爲是社會福利支出的大刀闊斧的權化行爲。同時責難一邊享有ＡＦＤＣ的權利，但是卻偷偷賺錢而成爲少數富裕母子家庭世代的主人，是「福利的女王」。

姑且不論這些福利批評的是非對錯，但是ＡＦＤＣ的預算並不多。看起來預算最多的七二年那一年，其預算總額只佔全聯邦支出的一·六％，爲ＧＤＰ比中的〇·五七％，在雷根政權的八年內，少額的預算又被縮小。九〇年時佔全聯邦支出的〇·六％，爲ＧＤＰ比的〇·三％，縮減爲全福利預算的一·七％。

第三打擊則是到了高齡化社會中，重要性逐漸增加的高齡者的年金，受到直接的攻擊。

的確，適用公家年金（ＯＡＳＤＨＩ）的人，佔全就業者的九成。但是提供財源的社會保險稅在稅體系中，原本逆進性就很高，因此所得再分配效果非常低。公家年金可以說是國民從自己的所得中，事前就先「購入」，好像儲蓄一樣，等到退休以後便可以使用。

但是退休後得到的年金額，像德國、法國的勞工是與當時的年收入大致相同。不過美國的情形，以普通的中產階級退休者的年金額爲例，是現役時的年收入的二八％而已。美國公家年金制度的不完善，表現在年金保障支出總額對ＧＤＰ比的歐美間的差距上（法、德各自爲一二・八％和一一・八％，而美國則爲七・二％）。

原本應該彌補不完善公家年金的企業私人年金也不完善。根據七四年被僱用者個人所得保障法，企業年金的制度化已經制訂了。但是這並非如歐洲一般的全國統一協約年金制度。半數以上的勞工並未加入這年金制度。即使已加入的勞工在同法制訂的當時，爲全就業人口的四〇％。但是因爲政府補助的削減等，而降低爲三成以下。

這樣的福利和社會保障制度在近代國家中，是一種落後的制度，所以我們認爲在這一方面，美國缺乏共同體主義——或是公共性的貧困。

其中最缺乏的是先進國家中最落後的醫療保險制度。雷根＝布希政權並不致力於醫療保險制度的公共化，反而將其徹底民營化，使得遭受病魔侵襲的許多高齡者和市民陷入窘境中。這一點可以說是加諸不成熟福利國的最後打擊。

美國國民醫療方面的支出總額在先進國家中非常高。而且總額的增長率進入八〇年代以後更爲顯著，遠超過法國、德國、日本，以及醫療先進國家瑞典（圖4—1）。

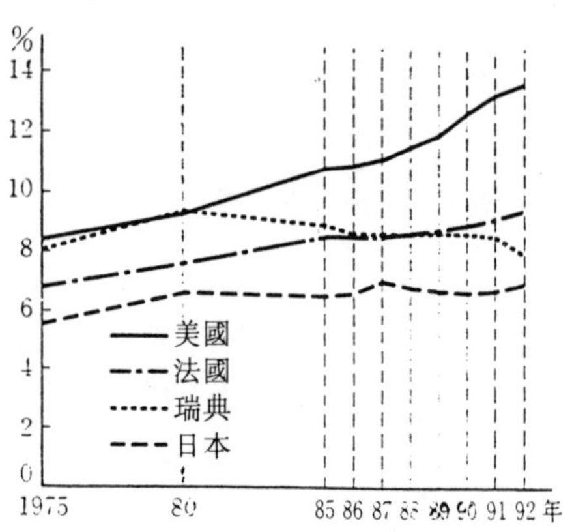

資料：OECD, Health Data File

圖4－1　醫療保險支出的對 GDP 比

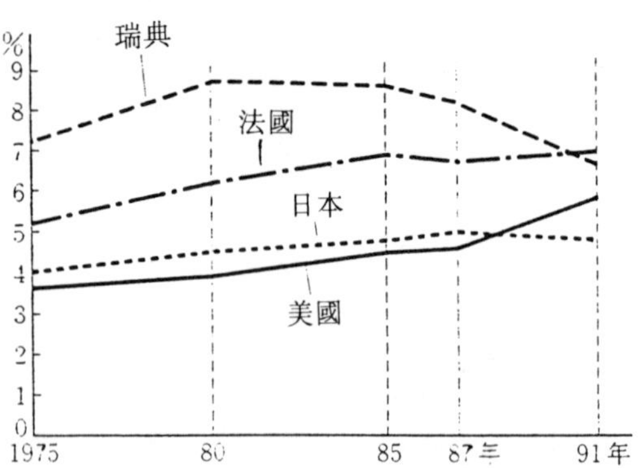

資料：OECD, Health Care in Transition, 1992

圖4－2　政府醫療保險支出的對 GDP 比

但是總國民醫療支出在先進國家中雖然很高——與其成反比的則是——政府對於國民所支出的醫療費，反而是先進國家中醫療水準最低的。少數的政府醫療支出總額到八七年爲止，GDP比只有醫療先進國瑞典的一半，法國、德國等的約三分之二以下，甚至遠不及福利落後國日本的支出水準（圖4—2）。

這種非對稱性，來自於不完善的美國的醫療保險制度。的確，在美國有公家的醫療保險制度。這是在六〇年代中葉，在甘迺迪＝詹森民主黨政權下所建立的老人醫療保險制度（醫療保險）與適合低收入層的醫療扶助制度（醫療補助）。

但是醫療保險只限定於六十五歲以上的高齡者，而高齡者也不能長期適用醫療保險。醫療補助則適用於年收入約一萬二千美元以下的最貧窮層。但是沒有年收入的流浪漢居住者這些最低邊層，卻在不適用的範圍內。因此，這二種公立醫療保險能夠保護的國民，到九〇年爲止只不過是一一．二%和六．八%。大部分的國民只好依賴民間保險公司的昂貴醫療保險。

當然，無法享受民間醫療保險的多數低收入層，以及許多中產階級市民是處於無保險狀態下的。其中從業員百人以下的（法律上並沒有規定要和民間保險公司簽訂從業員加入保險契約）小企業或零細企業的勞工和自營業者都包括在內。

持續增加的無保險者

貧窮醫療保險制度的最大受害者是兒童和貧困層。例如：全美三分之一以上的兒童至少會在短期內處於完全無保險狀態下。貧困線（年收入一萬美元）以下的這一代國民，一半以上在短期內處於無保險狀態下，同一代的七人中有一人經常處於無保險狀態下。

雷根打起行政革新與民營化的旗幟，但是甚至連貧弱的醫療保險制度都削減了預算。受到其影響的當然是低收入層。在失業的波濤下，無法得到公家保險或民間保險保護的無保險者數。從七七年的二五〇〇萬人，到九二年增加為三八〇〇萬人。無保險者中（自己或扶養者）全職者的比率，從八八年的三五・二％，到了九〇年增加為四九・三％。比率增大表示醫療保險的不完善。

美國太多的總國民醫療支出的漏洞，原因都在於貫徹社會公共政策的市場萬能主義的想法上。

美國從診療費和醫藥品到醫療保險等，所有的醫療服務都交由市場構造來負責。政府的介入僅止於最低限度，因此，政府對於患者所支付的醫療費和醫藥品的扶助

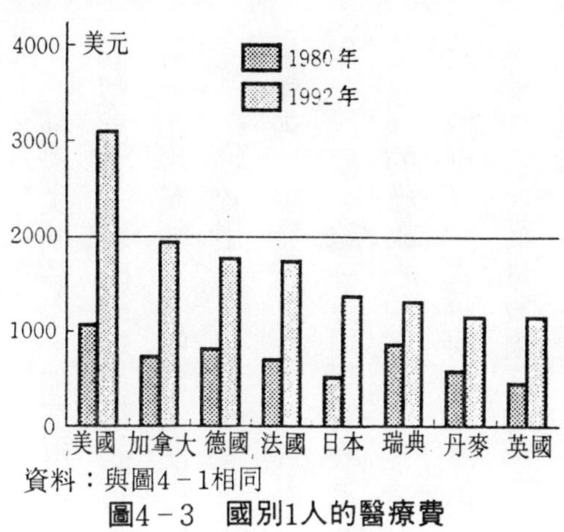

資料：與圖4－1相同

圖4－3　國別1人的醫療費

額，遠比法國、德國、瑞典或日本等更低（醫療費爲四成，醫藥品爲一成）。雷利拉西翁派（法國構造主義的里貝拉爾左派經濟學派），所謂「商品化」的波濤也覆蓋了醫療的世界。

市場原理的確必須在消費者（需要側）與生產者（共給側）在市場上有互相拮抗的力量時，在供需的均衡點上，才能夠給予可能實現的最大效用。

但是像醫療這種供給側獨佔財（服務）與情報的立場下，無法充分發揮市場機能，無法有效應用競爭原理。最適合點不得不朝向無限制，對於供給側有利——因此對於需要側，也就是患者側不利——的方向發展。

歸根究柢，造成患者必須支付的醫療費顯著升高。美國的醫療費這十年來持續升高，每一位國民平均支付的醫療費大致爲歐洲先進國家的二倍（參照圖4—3）。

二、市場的失敗

太「特殊的美國」

稱讚民間活力，強調市場效用的想法，因八〇年代的新保守主義而增強。由於蘇聯型社會主義的破綻而得到正當性。「大政府」效率不彰和官僚主義的弊端都遭到批評。市場萬能主義的想法使得市場原理的機能無法發揮作用。

市場效用論在布希政權期的最後時期，也就是九三年一月的「總統經濟諮詢委員會報告」中貫徹實行。報告書中，波斯金等人把美國醫療制度與加拿大、德國、英國作一比較，認爲美國制度最完善。而且強調美國的醫療制度完善，是因爲徹底實行市場原理的緣故。

的確，「大政府」在無法控制市民時，當然不論體制的好壞，會增加浪費和無效率的作法。而且會潛在地或在制度上加速稅的浪費。

諷刺的是，推進民間活力的美國醫療世界，在官僚主義行政上的成本卻持續增

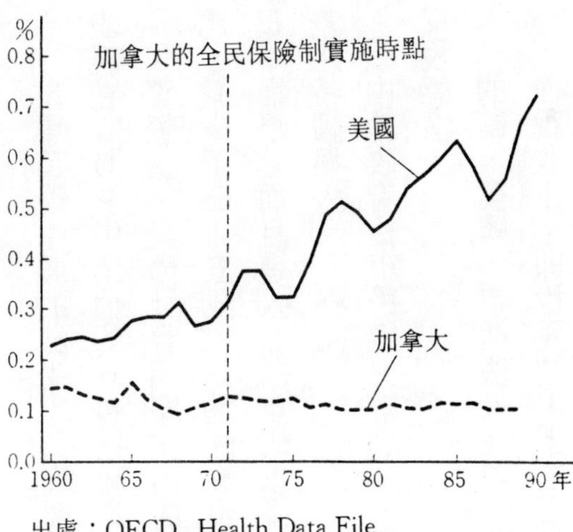

出處：OECD, Health Data File

圖4－4　醫療保險行政成本的美·加比較（對GDP比）

加。民間活力利用的徹底造成非效率極大化的奇怪現象。這奇怪現象例如：七一年導入全民保險制的加拿大醫療保險行政成本，就比全面交給民間活力的美國成本低很多（圖4—4）。附帶一提，GDP中所佔的國民總醫療費在七一年導入全民保險制度之後，加拿大的國民總醫療費與美國不同，能夠控制住不斷上升的曲線。

實際上，到七一年爲止，總醫療費的對GDP比，美加都在七·五%左右。約二十年後，到了九二年，美國爲一二·五%，加拿大卻少了三成，大約維持在九%左右。

這也顯示出建立荒廢醫療現場的美國——特殊美國的——市場萬能主義的漏洞。

關於這漏洞，OECD調查團有以下的批評：

「醫療（供給）成本能夠按照病人（的需要）有效予以抑制的想法本身，就是非常特殊的美國的想法。但是在美國國內的這想法，可以說是創造出這種想法的美國經濟學固有的特殊美國經濟學的想法。」(OECD, Health Care System in Transition, pp. 67－68)

「廉價政府」的背後

市場萬能主義的缺失不只在醫療範圍，可以說涵蓋了美國所有的社會政策。這也表現在GDP中所佔的(包括教育費等在內)社會相關支出的相對減少上。

實際上，美國社會相關支出的對GDP比和法國、德國、瑞典等歐洲先進諸國相比，減少了三～五成。先進國家中，比美國社會支出比更少的，只有「福利後進國」日本而已。而且進入八〇年代以後，美國社會支出的增長率鈍化，和歐洲先進諸國的差距持續擴大。

由於政府給市民的支出太少，因此如卡雷歐所指出的，市民會打從心底產生一種反稅感情。

的確，美國(包括法人在內)納稅者因繳納的稅負擔總額——即稅收總額——很小，而稅收——即稅負擔——的增長率較小，例如：八八年的美國稅收對GDP比為二九·八％——是瑞典（五五·三％）的一半，法國（四四·四％）的三分之二。六七年以來，二十年內爲了應付高齡化與高福利化，因此瑞典的稅收增加約五〇％，法國將近三〇％，而美國的增長率只在一〇％以下。美國人的稅負擔與歐洲先進諸國相比，非常地小。

但是相對減少的則是美國人稅負擔背後，政府應該還原給市民的社會支出的相對總量。眞的實踐了所謂的「廉價的小政府」。

看新保守主義給予「不成熟福利國」打擊，就讓我們了解了以下的事項。

生產性降低

第一，政府在關於醫療和教育、基本建設投資等社會相關公共支出方面較少，而企業本身要負擔醫療保險費，提高經營成本（例如：僱用者所負擔的醫療保險費總額，在六五年爲二百億美元強〔九一年價格〕，但是到九〇年時爲其七倍，超過一四〇〇億美元）。另一方面，成爲設備投資中心的僱用者的投資要因減少，勞工的負擔增大，失去了工作的慾望。雙方的歸結則是六八年尼克森登場以後，也就是所謂共和黨多數派時代的十五年內，所出現的生產性成長率相對降低（圖4—5）。

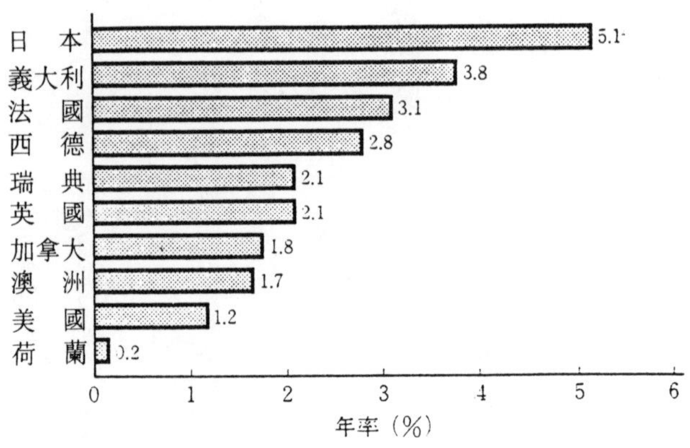

出處：U.S. Dept. of Labor, Monthly Labor Review（June 1992）

圖4－5　生產性成長率（1960－89年）

根據洛巴特・萊修亞和雷斯塔・沙洛爲主的民主黨經濟政策研究所（EPI）的計算，政府公共投資增大一％，就能使勞動生產性平均上升〇・二四％，所以基本建設投資等政府公共投資，對於生產性的提升具有強烈的牽引效果。

第二，則是貯蓄率與社會相關支出的相關性方面。二者之間並沒有緊密的相關性。美國的儲蓄率較低，也反映出和英國同樣的國民的稅負擔率相對較少，即市民稅負擔相對減少，就能夠提高消費性向。但是這時日本的儲蓄率比，包括美國在內的歐美諸國更高。

而且與歐美的差額越來越大，因爲政府的社會支出較少，因此國民爲了老後生活、教育、購買住宅等因素，逼不得已一定要儲蓄。

對內的「帝國過剩擴張」

第三，如果以更長遠的歷史眼光來看，將近半世紀冷戰下，美國持續進行龐大的軍需相關投資。這些投資在五〇年代佔公共投資總額的四成，越戰下六〇年代後半期到七〇年代前半期縮小。到後來再度增長，大致爲政府公共投資的一半。而且到了八〇年代，由於軍需公共投資增加，致使道路、港灣、上下水道、大衆運輸系統、機場、電氣瓦斯設施等，所謂的中核基本建設部門的公共投資，以及非軍事民生部門的公共投資總額也增長。此外，根據運輸省的調查，八〇年代全美高速公路七三％都成爲有缺陷的道路，成爲軍需吞食民生的構圖。

如果從這觀點來重新評估「廉價政府」，則這是一個在社會公共支出上不花錢的政府，只有在軍事方面持續使用龐大的稅，所以對市民而言這不是一個「廉價政府」，而是「昂貴的政府」。

這「廉價政府」的背後隱藏著「昂貴政府」的現象，不只是社會福利費方面比歐洲先進國家支出更少。在軍事費方面，則使用比其他諸國多達三倍到四倍的稅

（圖4—6）。軍事支出上過剩支出——也就是財政赤字——爲了予以塡補，因此借貸的國債利息比歐洲諸國多達三～五倍。

本世紀末，美國面臨的經濟苦境與昔日霸權國相同，帝國的軍擴經濟——即在軍需方面形成過大投資的軍需凱因茲主義——當然會有這樣的下場。這可以說是對內的「帝國過剩擴張」的歸結。

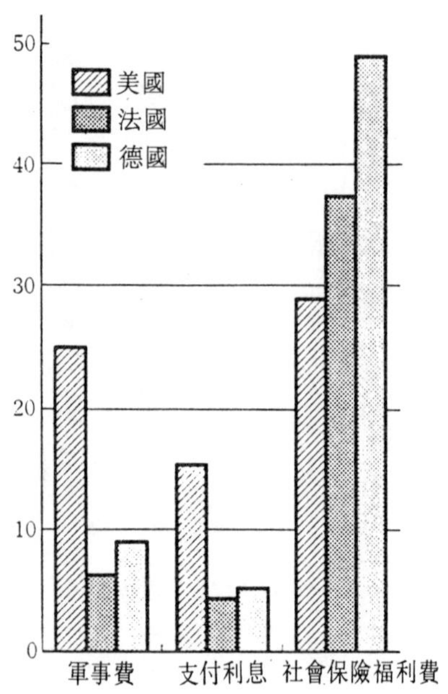

資料：IMF, Government Finance Statistics Yearbook, 1989

圖4－6　政府支出的分配比率（1985）

雷根政權八年來投資的軍事費以時價來計算，從一一六三億美元增加爲二八四〇億美元，增加了二·五倍。其中研究開發（R&D）費從一一二億美元增加爲三六三億美元，成長了三·二倍。再加上籌措費在內，從三六六億美元到達一一二三億美元，全體約增加了三倍。當然，政府投諸於民生用研究開發費和設備投資費，就會減少了。

帝國的軍需凱因茲主義造成國民經濟的衰退，同時應該注意的一點是，現代武器本身變質為技術資本集約型，而加速了民生經濟部門的衰弱。

技術資本集約強化於軍事力上，因此把大筆金錢注入於軍費方面，使得軍事R&D費和武器籌措費大增，而軍需到民生的技術、經濟波及效果和以前相比，非常地有限，因此，軍需費的增大迫使經濟力凋零。

典型的例子就是太空武器的核心，利用光束光線技術對於一公里外的目標能夠以時速九公里的速度，而且以畫出橢圓形的方式射中目標的眼珠子，是屬於高科技的技術。光線的速度達到秒速三十萬公里。即使擊潰人體內癌細胞的民生技術部門要求微細的精確度，可是也遠不及太空武器的精確度。

同時，關於民生與社會相關支出的投資較少，而衍生出美國經濟政策上的「公共性的貧困」，而這貧困早就因為雷根之流的市場萬能主義的資本主義而建立了基礎，結果促進帝國的結束。

封閉的世界像

為什麼重視供應主義者會犯下這樣的錯誤呢？

如果著眼於在拉法曲線封閉的空間，我們就會發現國家的財富一般人認爲來自外界的給予是理所當然的，因此察覺到一國中心主義的帝國世界像，即國家無法脫離他國——尤其是第三世界——的資源與市場而成立。美國則集中力量朝這方面發展，才有今日的下場。

集約在曲線上的思考，如果把國家比喻爲一顆彈珠，則這種思考就是在內側的階層間抽象的差距。不，應該說這種思考所隱藏的缺點，就是一種把人類的行動和勤勞的泉源予以單純化，向收益（金錢）尋求亞當．史密斯式的資本主義像。

當然會把他國流入的財富視爲理所當然的事情，把貧者與富者之間的差距抽象化。人類因收益而展現行動，成爲一國中心主義自私主義的資本主義像，持續怠忽了階層分析。我們畫出第二、第三的拉法曲線，在高齡化與國際化——即福利國的成熟化之下，反覆推出捨棄中產階級、貧窮者的經濟政策。

這就是八〇年代美國的做法，因此導致美國衰退，社會荒廢。由這意義來看，在八〇年代末期我們探討的不只是帝國美國的生存方式，也包括資本主義的做法在內。

第二部　再生之旅

黃昏帝國　美國

第五章　苦惱的自由主義

——無法出現曙光嗎?——

「J・F・甘迺迪和L・詹森、H・漢富里、R・甘迺迪等，在新政期到達政治年齡的年輕人，三十年後在華盛頓掌權時，成爲推進其理念的新邊疆精神者。甘迺迪對新的一代造成影響，建立了新一代的精神。如果(保守與革新交替)的規律能發揮作用。這一代到了九〇年代某個時點掌握權力，就能夠以新的形態推進新邊疆精神與『偉大社會』的理想。」

亞瑟・休雷・金加二世

(Challenge, Nov. /Dec. 1991)

一、舊型自由主義的失敗

重刑犯威廉・霍頓的惡夢

炎熱暑假，八月末的新英格蘭，往年傍晚時分從海邊吹來的涼風會使氣溫下降。但是在八八年夏天，只是走路就會汗流浹背，非常地熱。無法補充體內的水分，漸漸地腎臟出現如拇指一般大的結石。二週內住在哈佛區八樓的病房度過，使我有機會透過電視看正在進行的總統選舉報導。

同時也是讓我思考在何時可以實行政權交替的機會。在野黨民主黨希望能夠奪回闊別八年的總統寶座，並且希望在議會選舉時，可以得到多數派屹立不搖的地位。民主黨在與共和黨的鬥爭中陷入苦境——我持續追逐著選舉情勢的轉換點。

電視上幾乎一小時都在播放終身刑囚犯威廉・霍頓走出監獄的特寫鏡頭。根據麻薩緒薩州的州法，即使是重刑犯在收監時也能暫時得到休假。這位黑人殺人犯趁休假外出時，闖入民宅，襲擊男性，強暴了懷孕中的男子的未婚妻。在三十秒鐘的廣告最後，打出的幻燈片是——「你會投票給民主黨和多卡基斯嗎？」

布希共和黨陣營巧妙地利用宣導媒體，而遭受攻擊的多卡基斯陣營無法作出對抗的攻擊。攻擊就是最大的防禦，卻沒有能夠防禦的方法。

「假設你的妻子被殺時，你還會反對死刑嗎？」——本選舉前的討論會上，主持人問了這問題。只見多卡基斯調整呼吸，臉上露出苦澀的表情，回答道：「是的。」這時我就相信多卡基斯絕對無法獲勝了。

膽小而放縱的自由主義

共和黨陣營認爲多卡基斯放縱犯罪，疏於國內外的防衛，是「自由主義」的典型作風。「自由主義」對於增稅非常寬大而放縱，容忍公費贊助墮胎的作法，輕視國旗。因此，並沒有取締在自州（麻薩緒薩州）的奇撒比克灣的公害，所以，州長和地方政治家被貼上「在國政上能做什麼」的標籤。「放縱的自由主義」像和八四年總統選舉時民主黨候選人凱莉·哈特的女性醜聞事件重合在一起。

根據八八年六月末的輿論調查，超過布希一〇%以上。但是到了九月初，原本佔優勢的多卡基斯的支持率開始下降。共和黨陣營推出愛國心和倫理。布希保證「不增稅」。以普通市民所具有的普通得到的感覺爲訴求的一連串戰術，的確擄獲了因爲增大的稅金和犯罪而感到煩惱的大多數庶民的心。犯罪與增稅都是「內側的威脅」。這威脅和美蘇緊張緩和的動態一起成爲新的爭論點，浮上檯面。

市民的關心從對外安全保障開始，移往國內經濟與社會的「對內安全保障」。在衰退的經濟中增加的失業與荒廢都市內外增大的犯罪，代替蘇聯共產主義的軍事威脅，成爲新的威脅。正確地說，從這時候開始指出成爲威脅美國的「日本經濟的威脅」的可怕性，而日本威脅論或美國經濟的衰退——以及社會的荒廢——具有表裡一體的關係。

美國犯罪發生件數在六〇年代中葉以後急速上升。由美國統計年鑑發現犯罪發生件數，從六〇年的八四六萬四千件到七〇年的一六八四萬八千件，八〇年增加爲二二七萬八千件，大約增加了三倍。其中危害身體的件數約佔六成，八九年時達到一四二五萬件。這些增大的犯罪更加強了白人的人種偏見。

八六、八七兩年，竊盜、強暴、襲擊等暴力犯罪中，白人爲加害者的犯罪是六九二萬件，黑人爲加害者的犯罪爲二八八萬件——以人口比來看，加害者爲黑人的比率非常大。白人所攻擊的幾乎全都是白人（九七・六％），而黑人所攻擊的二人中有一人是白人（五三・八％）。即白人中產階級對黑人的偏見——恐懼心——增強了。多民族「自由主義」國家美國威脅的主軸，已經從蘇聯共產主義轉移至黑人社會。

精裝自由主義

民主黨方面，對於犯罪、稅制、防衛，都沒有推出獨特的積極政策。反之，反而是沿著共和黨路線走，像多卡基斯戴著軍用鋼盔站在戰車上的姿態，讓人覺得民主黨已經落伍了。多卡基斯的立場被共和黨諷刺為「哈佛區精裝自由主義」。以權威為盾牌，不斷叫嚷著「人權」，看起來好像是非常高級的自由主義。

雖是傳統人權擁護團體ACLU（美國自由人權協會）的會員，卻成為反多卡基斯攻擊的標的。這就好像在五〇年代一片反共聲浪中，確認為共產黨黨員之後，就被視為「非國民」一樣。在失去外敵的美國社會中，ACLU的會員成為新的攻擊對象。

關於犯罪與道德方面，民主黨利用保護人權的護符，承認一切的人權保護作風，與舊自由主義的保護人權的作法完全相同，並沒有跨出一大步。對於對蘇聯的縮減軍備，以及對應國際經濟無限制化的對外經濟政策都沒有展開新的政策。雷根執政八年內——或者是一九六八年以來，共和黨佔優勢的十五年——的結束期，才開始出現的新保守主義經濟的瓶頸，無法挖掘出廣泛民衆的不滿。雖然經濟不斷地衰退，但是卻無法利用一個新的自由主義來代替舊型的自由主義，因此民主黨無法獲勝。

政治就是一種語言的戰爭。自由主義在還沒有被貼上失敗的標籤之前，並沒有推出新的爭點和政策。只是不斷朝政權黨的路線走的民主黨，如何能夠奪取政權呢？十一月，布希獲得壓倒性的勝利，持續共和黨的政權，這也是理所當然的結果。

二、多數派政權交替的結束？

政權交替的循環

先前談及過，美國政治、選舉專家們，以往都採用政權再編成——「多數派政黨重組」循環論。國家系統內所產生的巨大社會經濟變動，一方面產生與以往完全不同的需要，而另一方面也醞釀出對於無法符合需要的現存體制的不滿。

不滿的總體界限值——沸騰點——到達時，既存的多數派政黨中，有許多的選民開始跑票。這跑票形成透過總統選舉，由一方政黨掌握權力，建立了至少長達二十年以上的政治基本流程。專家們把形成這種政治轉換點的總統選舉，稱爲「決定性的選舉」。

十九世紀，在第一次產業革命下的大衆社會基礎，就是一八二八年的選舉。其次，在南北戰爭後，配合邁入統合的產業國家的現象而完成的一八六〇年的選舉；以及在世紀末第二次產業革命下，準備邁入工業大國美國的馬金雷共和黨的一八九六年的選舉。進入二十世紀以後，爲了應付對於舊型資本主義的大恐慌，因此洛茲威爾特民主黨下的「新政聯合」政權在一九三二年的選舉中誕生了。與人口移動到陽光地帶所象徵的「保守美國」呼應，形成總統共和黨支配時代的一九六八年的選舉等，都是決定性的選舉。

大家都知道在美國基於憲法修正條款，每十年進行國勢調查時，必須進行各州議席再分配；及基於再分配的州內的選舉區域的調整，規定議員數和人口比的選舉區間差距要儘可能縮小爲零。所以，即使是人口爲千人單位的小鎭，也必須進行區域分配的調整。美國政治與日本不同，認爲以這種形態才是反映民意的民主主義最低條件。這民意每二十年至三十年會出現周期性的變動。隨著變動的波濤，某一黨就能夠形成

「大規模，自己持續掌握總統府」的狀態，即會形成多數派政權循環的現象——這是以往的慣例。

循環的環結封閉了……

但是進入八〇年代以後，多數派交替循環論在美國政治學者之間遭到批評。多數派交替的循環環節封閉了。為什麼呢？他們作了以下的說明。

的確，在三二年選舉時，洛茲威爾特民主黨的支持層不斷擴大，成功地建立了包括勞工組織、東部自由主義派和南部保守派，以及黑人團體的「新政聯合」。六八年選舉時，尼克森共和黨巧妙地把南部保守派、都市中間層和白人下層階級納入自己的陣營中。新政聯合分崩離析。後來，選民融入政黨的力量逐漸微弱。在雷根政權下成為在野黨的民主黨，雖然自一九五四以來持續控制衆議院，但是想要再建立新政聯合這種大規模，而且持續進行政權交替的多數派，能夠成功掌握總統府的道路，已經越來越遠了。

根據他們的說法，不論民主黨或共和黨，選民贊同特定政黨的程度已經不像以前那麼強了。實際上，選民對於政黨的支持率降低，表現在總統選舉的——更激烈的中

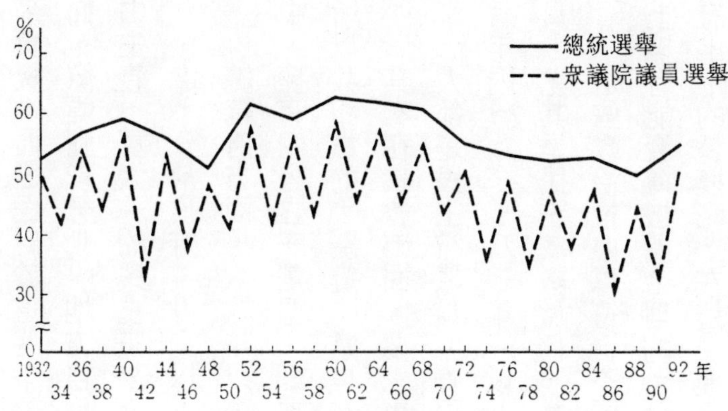

資料：U.S.Statistical Abstract，1993

圖5－1　總統選舉與衆議院議員選舉的投票率的演變

間選舉的——投票率的長期降低傾向上（參照圖5—1）。

時代已經從「政黨時代」變成「脫政黨時代」，即不是政黨「再編成」，而出現了政黨「脫編成」。許多國民不支持特定的政黨，在選舉時按照自己的喜好和配合需要來選舉政黨，因此單一政黨無法同時支配總統府和議會。

「分割政府」的登場

的確，七〇年代以後顯著出現「分割政府」，這邏輯與現實相符合，即總統府由共和黨控制，議會尤以衆議院由民主黨控制，而形成一種「分割統治」的政治。

軍事、外交、經濟等「大政治」由總統府

來負責，而選民對於這些爭論點把權力交給走國際化路線的共和黨來支配。另一方面，像福利或勞動、地方自治等「小政治」由議會負責，即把這些爭論點交由強調自由主義（寬大）的民主黨來支配。

這「分割政府」得到以下的現實來支持。

總統府方面，六八年以來（總統選舉中要獲勝，必須在總統選舉人團體二七〇人中，擁有四分之三選票，即要擁有超過二百人的選舉人）十三州持續由共和黨支配，所以共和黨的「關鍵」掌握在總統選舉人團體的手中。

其次在議會方面，要求再度當選的現職議員在參衆二院，都得到極高的再當選率，大都是民主黨議員。實際上，五四年以來共和黨衆議院在全期間，而參議院除了六年內（八一～八七年）以外的全期間，都持續控制議會。所以現實的情形是現職議員，尤其是民主黨議員們，掌握選舉區大多數的「關鍵」。

這些政治權力以符合不同政治領域和不同國民政治的形態被分割了。爲什麼實際上擁有能發揮機能合理的「分割政府」，卻需要加以改變，而實踐總統府——即行政府——的替換呢？在這一連串的「新現實」背景中，難道政權的交替本身就是不可能辦到的嗎？的確，「分割政府」有可能出現總統府的決定議會不承認，而議會的決定被總統府否決的政策決定的「停滯」弊端。

但是選民的需要如果不是由（支配總統府）政權黨的替換，而是由選舉行動的替換將其分配給二個不同的統治機構，是否就能建立一個有效率而又合理的政治系統呢?也因此國民當然就會進行多數派政黨的替換行動——這也就是他們的邏輯。

姑且不論政治的意識型態評價如何，政黨的「脫編成」論也可以說是呼應雷根政權登場，而抬頭的學究政治學保守化的另一種表現吧！

等待哥德出現……

學究派政治學就是以這種形態否定了總統府多數派政黨交替的概然性。雖然出現這新的現象，但是卻仍然期待政權交替，就好像在等待不會出現的哥德一樣，是一大諷刺。期待新政聯合的再度到來——也就是民主黨主導的多數派政黨的出現——就好像在山繆貝開特小說中登場的二位人物，一直期待著絕對不會出現的舊友哥德的出現一樣。

實際的情形是一切完全出乎學究政治學主流派的預料。在八八年多卡基斯失敗之後，民主黨三連敗之後，九二年總統選舉時，柯林頓民主黨奪回了權力。這是否意味著與尼克森共和黨政權登場時一樣的，代替了一個多數派時代的另一個——現在是民主黨的——多數派時代到來呢？

我們對於九二年選舉到底有何看法呢？在美國政治的過程中，又具有何種意義存在呢？

三、投票所的邏輯

提升投票率

「不景氣加強了衆人的意識，有使投票率增加的傾向」——這是美國選舉研究委員會會長卡提斯．剛所指出的（New York Times, 11. 10. 1992）。不久之後，衆人對於不景氣所產生的不滿提高了衆人的政治意識，因此大家都到投票所去投票了。

在九二年選舉前達到七％的高失業率，暴露出不景氣的嚴重性。對於政府的現存體制無法應付國際環境和社會經濟結構的變化，而感到不滿——期待產生變化——再加上另一項要因，使得九二年選舉出現了與昔日艾森豪政權或甘迺迪政權誕生的五二年選舉和六〇年選舉同樣的高投票率。這一點我們是可以了解的。

造成政權交替的主因是對於現存政治的不滿——期待變化，而市民生活與政治意識的變化，表現出九二年選舉政權交替的可能性。

政黨歸屬意識的顫音

實際上，到六〇年代以後美國市民的政治意識變化與政黨脫編成論者的主張不同，並不是選民單純地脫離了政黨的變化，而是一種政黨歸屬意識，時強時弱，反覆出現微妙的顫音。

政黨歸屬意識或黨派心的確如政黨「脫編成」論者——或是「分割政府」論者的主張一樣。六〇年與八八年相比起來變弱了。但是至少如表5—1所表示的，具有三個微妙的一連串事實。

第一、水門事件使得人民對於政治加深了不信任感。以此爲契機，從七二年到七六年，政黨歸屬意識降低。對於政治的不信任感增大。而產生脫離政黨的構造。

第二、暫時降低的政黨歸屬意識到了八〇年代以後，隨著雷根政權的登場而重新恢復。八四年選舉即雷根第一任期結束至第二任期開始（超過六〇年當時甘迺迪民主

表5－1　有權者的政黨觀變化（1960—88年）

	1960	64	68	72	76	80	84	88	變化
(1)政黨歸屬意識									
獨立或非政治的	12.3	8.7	11.9	14.6	15.3	15.1	12.7	12.2	－0.1
弱黨派性	51.7	53.4	58.5	60.4	61.1	58.7	58.0	56.6	4.9
强黨派性	36.0	37.9	29.6	25.1	23.5	26.2	29.3	31.2	－4.8
(2)對於哪一個政黨選舉獲勝會感到關心嗎									
不會	34.8	34.5	34.9	39.6	43.6	44.1	35.2	39.0	4.2
會	65.2	65.5	65.1	60.4	56.4	55.9	64.8	61.0	－4.2
(3)認爲政黨間有差異是很重要嗎									
不認爲	49.7	45.0	48.3	53.9	52.8	42.0	37.5	40.4	－9.3
認爲	50.3	55.0	52.3	46.1	47.2	58.0	62.5	59.6	9.3
(4)關於政黨與候選人的知識									
非常的低	4.8	2.9	3.4	6.4	6.1	4.6	7.4	11.3	6.5
低	20.3	20.0	17.5	25.0	25.1	27.0	23.4	23.5	3.2
普通	32.2	32.2	27.0	31.3	29.6	29.4	26.4	22.8	－9.4
高	26.1	26.4	26.0	21.6	19.0	21.4	17.9	17.9	－8.2
非常的高	16.6	18.5	26.0	15.7	20.3	17.6	24.9	24.5	7.9

出處：R.A.Teixeria，The Disappearing American Voter

黨政權登場時的熱氣）持續高昂，把爭論點推上檯面的鮮明領導表現，又吸引了脫離政黨的選民再次回到政黨。

第三、後來，從八四年到八八年，雖然政黨歸屬意識仍然很強（如表5—1的(2)(3)所示），但是在選舉時有權者的黨派志向卻再度降低。不過在這時候，對於例如「政黨間有差異很重要」的回答，比昔日政黨歸屬意識高昂的六〇年代更強，希望有不同的政治——成爲對抗政黨的民主黨——強烈表現出國民潛在的期待。包括對於政府的不信任在內，對於現實政治期待

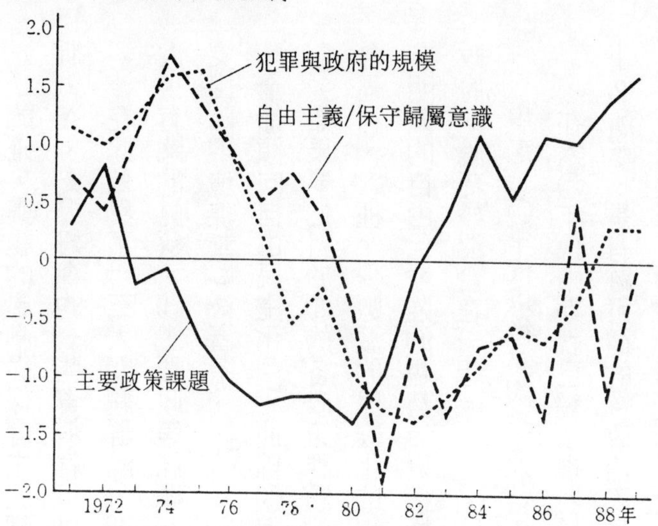

出處：J.A.Stimson, Public Opinion in America, 1992

圖5－2　美國國民的自由主義/保守化度的變化

的喪失，成爲增強想要改變支持政黨潛在性的構造。

七〇年代以後，對於有權者的政治不信任和對於現實政治的期待喪失，而出現了脫離有權者政黨的表現。脫離政黨的表現則因爲有權者無法提示出「具有魅力」的爭論點或政策，而且由於對抗政黨的領導權力不存在而增強。

輿論回歸自由主義與對政治不信任

從七〇年代到八〇年代，輿論分爲二大砥流。第一是輿論再次從保守主義回歸到自由主義。第二則是增強了政治不信任度。

的確，輿論的風潮從保守主義轉向自由主義，要求改革現狀。這變化可以看詹姆斯・A・史提姆森的一些資料就可以了解了（參照圖5—2）。

在此列舉了「三大問題群」，即：①自由或保守的歸屬意識、②與犯罪和政府的大小有關的見解、③主要政策課題（教育、醫療、人種、都市居住、社會福利、軍事支出、環境保護）的意見——各方面有權者見解的變化軌跡，從八〇年代中期以後（全都傾向自由民主化），曲線③追趕曲線①與②，形成朝右上方發展的回歸曲線。

如果要把對於③的各政策課題的自由民主度的不同進行個別分析，則輿論對於社會福利、人種、少數派的保守化的程度較強，而對於環境保護、醫療、教育等，反而有明確的自由化增強的趨勢，更積極地支持政府預算的支出，即「大政府」論與「小政府」論巧妙混合在一起。

規定七〇年代以後美國政治的第二大砥流，就是對於有權者政治不信任度的增大。

在六〇年代中期就已經出現對於政治不信任度的徵兆，而這種情況的增大如表5—2所示，是有跡可循的。政治不信任使得人民對於政府建立巨大既得權益網，以及共有「權益」行動的「華盛頓政治」產生了反感，因此認爲政府浪費納稅人的錢。政府無法發揮有權者所託付的機能，對於這無效率的「大政府」產生了反感。

表5－2　對於政治強烈不信任（1964—88年）

	1964	68	72	76	80	84	88	變化
政府值得信賴嗎								
完全不值得信賴/只能信賴一點點	22.3	37.3	45.8	65.3	74.3	55.1	58.8	36.5
大數可以信賴	63.2	55.3	48.8	31.3	23.6	41.2	36.9	-26.3
可以信賴	14.5	7.5	5.4	3.4	2.1	3.7	4.2	-10.3
政府會動用巨大權益嗎								
是的	30.9	43.6	58.6	73.7	76.9	58.6	67.3	36.4
會爲所有的利益而動用權益	69.1	56.4	41.4	26.3	23.1	41.4	32.7	-36.4
政府會浪費稅嗎								
非常	48.1	60.6	67.0	76.3	80.0	66.2	64.0	15.9
可能	45.2	35.2	30.6	20.6	17.9	30.1	33.5	-11.7
不會	6.7	4.2	2.4	3.1	2.0	3.7	2.5	-4.2
政府有能力嗎								
不知道在做什麼	27.8	39.2	42.2	52.7	65.0	—	—	37.2
有一些賢明的人在運作中	72.2	60.8	57.8	47.3	35.0	—	—	-37.2
政府機能停止了嗎								
是的	30.0	26.3	37.7	44.3	48.5	33.4	41.8	11.8
大致上還可以	51.0	54.0	47.5	42.1	42.7	51.6	46.6	-4.4
沒有停止	19.0	19.6	14.8	13.6	8.8	15.0	11.6	-7.4

出處：與表5－1相同

保守主義的退潮與自由主義抬頭的新風貌，隨著冷戰結束，在八〇年代後半期開始掀起旋風。這股旋風正如昔日甘迺迪智囊團的歷史家亞瑟・修雷・金加二世所說的一樣。——三十年周期世代交替的波濤引出了輿論的變化，促進政權交替，因此現在尋求的是挖出民衆不滿中「引爆爭點」，昇華爲政策的「政治的智慧」。

但是相反地，當時主要的對抗政黨民主黨並不具有能夠捕捉變化與輿論動向，挖出「引爆爭論點」的「政治智慧」，所以八〇年卡特再選失敗之後，民主黨三次失敗以後的九二年柯林頓的勝利，也就意味著對抗政黨已經找到了這種智慧。

爲了瞭解民主黨奪回權力的過程，就必須要把焦點集中在民主黨本身對於自由主義所產生的矛盾來探討。

四、自由主義的矛盾

派沒有擴大時

給予人類自由至高價值的自由主義，實際上含有二種矛盾。

第一、雖然對於社會經濟的弱者，即無法受惠的人的自由和恩惠，希望能藉著超越個人的「國家」（也就是政府）來提供和保障。但是同時當社會全體的派的擴大停止時，已經得到既得權益的人——也就是受惠者——出現不得不侵蝕自由和權利的矛盾，也就出現了一方面供應自由，一方面侵蝕自由的構圖。

在新政聯合下，尤其六〇年代市民的自由與權利，甚至已經給予黑人和少數民族。但是到了七〇年代爆發石油危機之後，持續經濟成長的結束，直接攻擊白人中產階級，當然就必須要減少給予美國社會中下層部分的權益。

昔日支持新政聯合的大量白人中產階級，轉而支持共和黨，而藍領階層已經無法期待權益的擴大，乃產生強烈脫離政黨的傾向。前者造成（雖是民主黨員卻投票給雷根共和黨）的「雷根民主主義者」的誕生，而後者則造成下層階級投票率的持續降低。

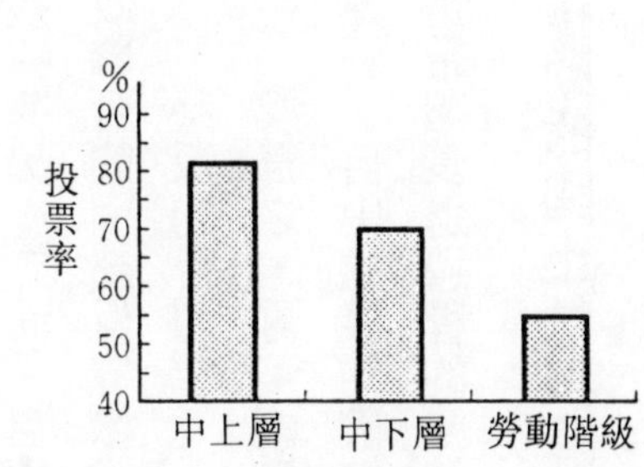

出處：Univ. of Michigan Institute for Social Research

圖5－3　階層別投票率（1984年）

八〇年代，在增強對於有錢人的權益分配的雷根政權下，提高了富裕層（與中間層）的投票率，卻使貧困層的投票率降低，縮小了民主黨的支持基礎。這現實情況如圖5—3所示。

自由主義的第二個矛盾是除去了對於人類行動的限制——即自由的擴大——結果現存的社會秩序與規範由內側（或下方）開始被侵襲。結果在既存的秩序中被保護的自由——舒適地生活——受到威脅侵襲，即出現一方面要求自由，一方面卻損害自由的構圖。

六〇年代，重視少數民族的民主黨公共政策，隨著越戰陷入膠著狀態中，而產生了反戰運動、嬉皮、女權主義、同性戀主義等反體制的「對抗文化」。同時強烈的社會風潮認爲自由主義本身破壞帝國秩序與傳統的價值觀——或美國主義——的「破壞勢力」，而把這種風潮正當化的倫理，由保守主義者給予共和黨，即所謂的道德多數派，已經由自由主義派轉移到保守派。

另一方面，新保守主義者標榜自己才是「眞正的自由主義」，是「新自由主義」。另一方面，自由主義這字眼已經從正面的價宜轉換爲負面的價值。同時支持新政聯合的南部保守派脫離了民主黨，而（畏懼太多的犯罪）的都市白人中產階級也加入了反叛的行列中。

換言之，舊美國自由主義所隱藏的二種矛盾隨著帝國的衰退，促進了新政聯合的瓦解。自由主義的破綻可以說是由於帝國主義衰退而產生的，而新政聯合的瓦解本身是帝國衰退過程的歸結。

移動的國土軸與降低的勞動組織率

大家已經了解美國產業與人口的重心隨著產業構造的改變，已經從下雪地帶移動至陽光地帶。

在全美人口中，南部陽光地帶十五州的人口，從新政（美國總統羅斯福一九三三年實行的克服經濟危機的政策）期的四三%，到半世紀後的九〇年，增加為六二%。同時衆議院席次也從一四七席增加為二百席，增加了四〇%。東北部反而由一二二降低為八八，中西部由一三七降低為一〇五，大幅度減少。

根據藤岡惇立命館大教授的研究，移到陽光地帶的新住民和移民勞動者的移居者，促進了南部保守層脫離了民主黨，增大了未組織勞動者，降低了勞動組織加盟率。另一方面，雷根保守革命下和雷根最高裁決下的「打擊勞工組織」的做法；以及另一方面，經濟全球性的「產業空洞化」，加速了組織率降低。

原本美國勞工的勞動組織加盟率比其他的先進國家就更低，而在新政下反而增加約三五%強，在五四年——AFL（美國勞工總署）和CIO（產業別會議）合併之年——再度締造三四．七%的第二顛峰記錄，後來逐漸減少，在雷根政權下銳減。九二年為一四%，降低為先進國家中最低的水準。

勞動組組織率的顯著降低和人口移動至陽光地帶，致使支持新政聯合的基礎縮小。

到了八〇年代末期時，希望改變現狀的「新自由主義」之風開始吹起，可是民主黨卻沒有掌握這股風潮。再加上都市中間層和南部脫離民主黨，以及組織加盟率的降低等，雙重、三重的困難全都橫陳在奪回政權的民主黨面前。

五、推出平民主義戰略

螞蟻的洞穴

八八年總統大選失敗之後，民主黨最初出現奪回政權可能性的端倪，就在於九一年十一月——總統大選前一年的——賓州參議院議員補選上。無名的民主黨員沃伏德與布希政權的司法長官，前同州州長桑貝克的選舉戰，結果沃伏德獲得大勝。對於共和黨陣營而言，最大的衝擊就在於沃伏德提出的爭論點——醫療保險改革與失業問題——這些都與內政的根幹有關，而且對於忙碌於和戈巴契夫展開會談，以及波斯戰爭等外交的布希政權而言，這可以說是動搖根幹的做法。甚至有人強烈批評布希只是來回奔波於世界各地，卻忽略了重要的內政。

知道了共和黨失敗的結果，布希中止了訪日的行程，將其延期至翌年一月。

五月時，在俄亥俄州召開的民主黨領導層協議會（DLC），推出比爾・柯林頓成爲總統大選，民主黨的最有力候選人。繼沃伏德的勝利之後，同選對責任者——擔任昔日哈特參議院議員的總統選舉參謀者——加威爾趕緊簽下契約，成爲柯林頓陣營的選對責任者。八五年設立的民主黨領導者協議會，是以由民主黨穩健派成立的南部成長政策協議會爲前身，摸索民生重視型的新經濟成長戰略，爲中堅年輕一代的戰略團體。

柯林頓在九二年三月十日的超級星期二——德州、佛羅里達州、密蘇里州等南部六州在內的十一州同時預選中——得到壓倒性的勝利。

在賓州的「螞蟻的一個洞穴」灌注的水透過預選，開始朝堅固的南部滲透。後來，在七月的民主黨大會中，發表政策綱領，凝集了民主黨想要奪回權力的戰略。

發現引爆的爭點

首先是徹底的內政改革路線。

從稅制到醫療保險、社會福利、教育等，提出要全面改革共和黨內政政策。共和黨的政黨被定位爲有錢人的政策，爲了這些「被遺忘的中產階級」，因此必須要改變政治。時代潮流已經從被動的自由主義變成能夠掌握時代潮流，朝資源和所得的再分配開刀，切換路線成爲改革政治構造的革新路線。因此，與得到草根性的民衆行動支撑的平民主義之間，擁有了無限的接點。

首先要求改變在雷根＝布希政權下的富者優惠稅制，變成累進稅制化。其次關於醫療方面，希望能夠建立連窮人也能夠看醫生的全民保險制度。關於福利方面，希望持續被削減的ＡＦＤＣ和適合低所得者層的住宅預算復活。在教育方面，以從事二年公益活動爲條件，提出免除大學學費的獎學金制度，強調公立教育的復權。

其意義也隱藏著從自由放任主義、野蠻的資本主義，變成歐洲流的社會民主主義的資本主義。轉換戰略的標準包含了黑人、少數民族，以及無法受惠的中產階級在內，使其目標朝向民主黨陣營發展。

民主黨方面，從賓州參議院補選的勝利中，學會昔日多卡基斯失敗的教訓。社會對抗政黨還是要以民衆和市民的不滿爲焦點，昇華爲挖出「引爆爭點」的政策，因此找出了讓對於政治產生強烈不信任感的選民們，能夠重新回到投票所投票，而奪回政權的方法。

政治是敵友關係

政治是「價值權威的分配」（D・伊斯坦），而其本質則是如卡爾・舒密特所說的「敵友的關係」。以往民主黨並沒有向這價值分配挑戰。如果不向派的分配方法挑戰，無法分清敵我的對抗政黨，如何能獲得選民的支持而奪回權力呢？

以前，在八八年總統大選時，民主黨的失敗就是因爲雖然把焦點集中在民衆對於現存體制不滿的問題上，但是卻無法把這些問題變成爭點。只有多卡基斯擔任州長時的「麻省奇跡的經濟成長」成爲唯一的推銷品。

多卡基斯進入選戰的最後局面時，才開始把方向轉換到平民主義路線，已經太遲了。因此原本與布希的差距爲一位數（％），但是卻被布希追上。只在短暫期間威脅了共和黨選舉陣營，的確令人惋惜。當時共和黨的選舉參謀亞特瓦塔就在事後說，轉換平民主義路線已經太遲了。他認爲要奪回權力的方法如下：

「在共和黨的總統大選中，民主黨獲勝的方法就是展開階級鬥爭，就如八八年選戰最後多卡基斯所做的，使瓦解的新政聯合復甦，展開攻擊。」（The Boston Globe, 11.13, 1988）

柯林頓民主黨幾乎是遵從亞特瓦塔的建議似地，開始攻擊支持布希共和黨的富裕層的政黨，全面展開「階級鬥爭」。

朝美國作風靠攏

奪回權力的第二戰略就是道德多數派的中道路線——或是美國國家主義——使其朝自己這一邊靠攏，即想要奪回「被遺忘的中產階級」的戰略。

以往被視為共和黨專利的「家族價值」的重要性，連民主黨也開始強調，並且捨棄以往對於黑人和少數民族的「寬大」態度——強調社會秩序的安全及重要性。

戰略的標準就是把焦點集中在白人中產階級上，把他們拉回民主黨陣營，希望能夠重新拾回傳統的美國作風——或是美國國家主義。

在選戰中柯林頓曾經責難黑人歌手西斯塔·斯爾加。他曾針對發生在九二年四月至五月（死者五八人，受傷者達二三〇〇人）的美國史上最慘烈的洛杉磯暴動事件，公開發表說：「既然黑人被白人誤殺了，那麼只要再殺掉白人就可以了。」柯林頓責難其說法和支持其言論的杰西·賈克遜的「彩虹聯合」。

關於當時選民的心理轉換，二位政治學者（J·W·加蒙德與J·威特克巴）舉出實例說明：

「阿拉巴馬州的民主黨事務局長亞爾・拉希耶爾回顧選戰，對我們說：『市民們跑到我這兒來，叫道：「終於做到了！我們終於做對了一件事情。」……只是發生了一件事情（批評黑人歌手），居然會有如此大的效果，令自己也感到非常驚訝。』」（Mad as Hell, P, 394）

「我們和以往對於黑人和犯罪態度放鬆的自由主義不同。」——這就是柯林頓和新的民主黨想要表現的重點。

對於「家族的價值」和秩序的維持給予積極的評價和共鳴，吸引了在八〇年代叛離的「雷根民主主義者」自動回到民主黨陣營中；而脫離了以往的「自由主義」，促使黑人和少數民族，以及經濟地位受到威脅的白人、藍領階級們都走向投票所，重新得到居住在都市郊外住宅地的白人中產階級的支持。

柯林頓的常民感覺

普通市民的普通道德感覺——即常民感覺——政治對其重視至何種程度，只要看一連串的動向就可以了解了。也許柯林頓擁有這種常民感覺——在社會底邊成長時，掌握這種感覺，而且在八〇年州長選舉失敗中，學會這種感覺。

純粹的共和黨員第三十七任總統尼克森在死之前，可能在冥冥中就已經了解到自己的一生與第四三任總統柯林頓互相重合，而向柯林頓送出共鳴和助威之聲吧！——柯林頓本身了解二人是南部與西部出身的鄉下人，同樣在州長大選中嘗過失敗的滋味。在最初的國政選舉中克服了醜聞，從失敗中重新站起來。而且同樣地把南部的敵人陣營納入掌中，得以成功地奪回白宮（New York Times, 4.28. 1994）。

在此，試探討柯林頓生平的特異性。

他出生時就沒有父親，有一個罹患酒精中毒症的繼父和麻藥中毒症的同母異父的弟弟，在社會的邊緣中成長。因此他經常能夠產生一種常民感覺。在人口爲四〇%黑人的南部鄉下，朋友大都是黑人的少年時光。因爲這樣的環境，使他很自然地和「被遺忘的中產階級」產生共鳴，同時也能夠免除對於自由主義黑人的情結。

長期在東部名門大學學習，參加反越戰運動，娶了女強人爲妻。這些青年期的體驗醞釀成「新美國」的價值觀，強烈想要進行社會改革。

另一方面，正如歷史家基李．威爾茲所指出的，柯林頓令人產生一種複雜難解的「全方位的」柯林頓像。出身於南部，環境不佳的貧窮生活中。在東部學習，爲自由主義派。和中西部的自由主義女性結婚。同樣出身於南部，但是卻和詹森、卡特不同。同樣是屬於東部的自由主義派，但是他和洛茲威爾特、甘迺迪都不同。同樣是局外人，但是他和卡特、尼克森都不同——。這種複雜的「全方位」人格，再加上白水疑案和女性醜聞爲契機，使得普通市民感到迷案。他們的倫理觀全都浮上檯面，而產生一種比爾與希拉蕊、女兒雀兒喜在內的「厭惡柯林頓」症候群。

「家族與秩序」的價值

雖然存在著這種症候群，但是柯林頓在價值觀的根底的確與「被遺忘的人」產生共鳴。同時，他和共和黨陣營一樣，主張「社會秩序」的重要性。強調「家族的價值」，但是卻在選民面前清楚地顯示民主黨陣營與共和黨的差距。

換言之，雖然強調秩序的重要性，同時卻主張秩序的瓦解，例如：洛杉磯暴動所顯示的是「分極化社會」的產物，是犧牲弱者的富者優惠政策——與社會公正的缺失——所造成的結果，因此強力批判布希共和黨政權。

強調「家族價值」的重要性，但是柯林頓等人卻不單純地視之爲單純的個人道德問題，而是以更廣大的文脈來掌握。

「帶著孩子生存在這社會上的人，是不可能逃走的。」

一方面強調家族的價值，同時也把家族的價值視爲教育和產業——以及社會秩序——的根幹基礎。

另一個美國社會的現實——即二對中有一對離婚，或同性戀者公然主張擁有市民權利的新現實——他也不會坐視不管。因此他們對於未婚媽媽或包括同性戀家族在內，都採取一種包容、多樣化家族形態的態度。

的確，在九二年七月的黨大會中，並沒有談及人種差別或少數民族，但是柯林頓民主黨陣營對於黑人和少數民族、女性主義地位的提升，確實有所貢獻。

「政府的責任」

這些共鳴絕對不只限於舊的自由主義的範疇內，因爲共鳴增大不只是沒有受惠者「能夠享受權利或福利」，成爲怠惰者，而是政府要積極地介入——一連串內政改革的計劃——將可以給他們自立之路。

另一方面，對於阻礙自立道路的「醫療保險的缺失」，想要藉著全民保險制來塡補，而另一方面，也朝公共住宅和公立教育之路邁進，希望勞動的女性能夠得到產假和懷孕休假，而且失業中的勞動者有義務給予職業訓練。

藉此促進了勞動力的高附加價值化，把失業保險給付限定在二年內，遏止福利預算的流失，提出「重新評估福利政策」和財政再建的方案。

無庸置疑地，希望能形成新的「政府責任」。

一方面想要建立新的「政府責任」，另一方面他們與布希共和黨的富者優惠路線不同，把引爆的爭點推到前方。希望能夠藉此革新政治，因此在九二年十一月成功地奪回政權。探討九二年選舉的意義時，就必須要探討副總統柯爾的意義了。如此便能給予九六年總統大選時的線索。

柯爾的意義

柯爾的登場具有三種意義。

第一、不只是總統，連副總統選舉也挑選南部的出身者，進行異例的選擇，予人重視南部的印象。希望能夠打擊共和黨最堅強的權力基礎——南部陽光地帶。

九二年選舉中，民主黨得到了全美總統選舉人一〇%以上的加州，奪回南部十五州中的六州；而大票倉德克薩斯、佛羅里達二州與共和黨之間的差距也只在三%以下。

第二、從同樣是戰後一代的人選中選出副總統，即「年輕美國」的戰略，塑造了「新美國」的形象，具有非常好的效果。這「新美國」像與舊自由主義之間畫出了一道界線，顯示新自由主義的價值。

第三、副總統柯爾是民主黨自由主義派的候選人，但是和女性問題、政治腐敗完全無緣，而且他珍惜羽毛，在純粹主義的傳統價值觀中生存，因此能夠得到保守的美國市民的共鳴。能夠彌補陷入醜聞事件中柯林頓的缺點，得到主流派層的欣賞。

因此，在九二年七月民主黨新政策綱領中推出的經濟力復權計劃中，成功地分斷了忠實的共和黨多數派，將包括經營者層在內的東部團體和相當多的保守層勢力，重新拉回了民主黨側。

包含這三種意義在內，「南方之星」柯林頓背後有許多人脈支持，成功地架構出新政聯合的復權，代替共和黨佔優勢時代，而逐漸鞏固「民主黨時代」的地位，這都是九二年選舉的歷史意義。這種地位是否能夠一直持續到九六年以後的大選呢？重點當然在於他的「改革」的力量，以及這力量是否能夠發揮機能的美國政治系統的現況。在不斷改變的世界情勢中，美國到底是「變」或「不變」呢？

第六章　互相折磨的力量

——「改變」的美國「不變」的美國——

「衆人用手指著政治家、有力量的說客和媒體，把這三個集團視爲政治的支配階級。對於民主政治而言，他們被視爲寡頭制的支配者。（市民們）認爲政治系統對於利益團體的要求比對各個市民的要求反應更快，而這些利益團體在政治系統周圍不斷地盤旋著。」

迪威德・馬修茲

（Financial Times, 6. 11, 1991）

一、經濟力的復權

「你們這些傢伙難道不知道問題在於經濟嗎！」

冷戰的結束象徵著二十世紀的結束，不只是蘇聯共產主義體制瓦解而已，連在世界上稱霸的美國的衰退，以及國境的牆壁不斷降低，世界經濟的全球化造成了各種改變。

「持續半世紀的戰爭，所有的政策都歸屬於軍事安全保障。」——這是自牛津大學以來，柯林頓的舊友國際政治學家孟岱爾霍姆所指出的。但是現在軍事安全保障已經不再是美國的首要政治課題了，取而代之的則是以經濟社會問題當作最優先課題。

實際上，九二年總統選舉當天，在投票所出口所舉行的選舉民意調查（即出口調查），表現出「改變」的美國，即投票者們優先考慮的爭點首推經濟、失業問題（四三％），而第二位爲財政赤字（二一％），第三位爲醫療保險（一九％），眞正考慮到外交政策的人只有八％而已。

「你們這些傢伙難道不知道問題在於經濟嗎？」——在總統選舉中，民主黨陣營推出的文宣寫著這番話，巧妙地看穿了有權者的意義和現象的變化。

如何復甦經濟力，如何使荒廢的社會再生。隨著冷戰的結束，不論是軍事安全保障問題及軍民轉換到雇用、基地撤去後的地域開發等，全都要在經濟安全保障的文脈中予以重新評估。

對外政策的許多問題，都必須要從美國產業競爭力的強化，和市場擴大的觀點來加以探討。

依賴強大的他國

而且美國不再像昔日一般，不依賴他國而能享受巨大財富的國家了。

諸國國境的壁壘逐漸消弭，以物資、金錢、人類和科技情報爲軸，形成相互依賴相互滲透的關係。在不斷改變的世界風貌中，美國也產生了變化，即「改變的美國」要尋求政策的改變和轉換。

例如：二十世紀初期，美國的GNP中所占的輸出比率，即對外貿易依賴度僅僅二・三％而已。到了六〇年代初期時，爲四・七％。一九九〇年時爲七・三％。而進出口貿易的實質增長率在二十世紀前半期的五十年內，僅止於三・三倍。從五〇年到八〇年的二十年內，增長率爲達六倍。在全球化的世界經濟中，美國依賴他國市場的程度顯著提高。在變化的世界中，美國爲了確保外國市場，強化經濟力，應該推出何種政策呢?這將是掌握政權後的柯林頓政權最大的課題之一。

總統選舉後，柯林頓按照公約得到政策決定構造，想要將其改變爲適合後冷戰時代的構造，即持續君臨冷戰期外交政策的最高決定機構，創設國家經濟會議（NEC）代替國家安全保障會議（NSC）（或者是並列）。重新評估民生經濟，想要把展開適合全球性的積極對外經濟政策當成外交的主軸。

九二年十二月，新政權正式成立，柯林頓在故鄉動員了預定新任的經濟相關閣僚與顧問三十八人（包括來自外部的建議者爲一百餘名）。整整二天舉行會議，討論經濟重建的課題。開場的演講，由自由主義派的諾貝爾獎得獎人，經濟學家洛巴特・索洛來進行演講，而蘋果電腦公司董事斯卡里在不斷改變的產業構造中，定位美國經濟的未來。

政權建立後，九三年二月，新任總統並沒有按照慣例，進行以外交、軍事爲主的一般教書演說，而進行經濟改革演說。展現他本身想要重建經濟的新政權慾望。在演說中，柯林頓敘述經濟改革的處方箋，而主軸之一——對外經濟政策的中心——就在於推進昔日他所主張的加拿大、墨西哥、美國三國之間的北美自由貿易協定（NAFTA）。

這意味著，要從傳統上持續依賴民主黨和勞工組織的保護貿易主義，轉換爲新的方向。柯林頓政權將其視爲全球自由貿易體制推進的一環，而NAFTA推進包括政府對於企業的指導教育在內，與積極的「產業政策」導入互相組合。

帝國的共和政體

柯林頓政權日後展開的強硬對日通商政策或APEC（亞太經貿會議）重視政策或GATT世界自由貿易體制的架構，都只不過是美國擴大世界市場的政策而已。積極通商政策的原型最早出現在支持NAFTA的政策轉換上。

「眞正的問題並不是要試著支持自由貿易，開放市場上，而在於我們是否能夠確實得到利益，維持國家經濟戰略。」一九九二年十月柯林頓的這番話中，表現「改變的美國」的對外政策。不是以往的自由貿易或保護貿易，而是管理貿易的通商政策的展開。衰退的帝國想要拾回失去的地位——即想要回歸美西戰爭以來的經濟膨脹主義的美國外交傳統。認爲美國外交的基軸是，朝著財富擴大路線前進的修正主義史家們稱之爲「帝國共和政體」，這就是帝國外交的雛形。

外交的基軸就表現在ＮＡＦＴＡ政策的轉換上。

ＮＡＦＴＡ政策的轉換

八九年，美加之間的關稅幾乎接近零，約定除去雙方直接投資的障礙，而簽定美加自由貿易協定。但是美國打算把北美大陸自由貿易圈朝南擴大，加入墨西哥在內，進行三國的經濟統合。八三年，以美國的國境地帶爲中心，在墨西哥國內設定——關稅特別加工地區——即推進「全土化」政策。

布希政權在九二年十月，在德州聖安東尼以總統選舉爲射程，暫時簽訂了ＮＡＦＴＡ。但是以往的民主黨自由主義主流派和勞工組織，卻認爲違反了以下所敘述的他們傳統的邏輯，而持續反對。

第一、就是認爲違反了美國勞動者的利益。美國產業向薪水未及美國十分之一的墨西哥尋求廉價勞動力，把工廠移到墨西哥。此舉會促進美國產業的空洞化，致使失業者大增。

第二、這樣會促進環境的惡化。因爲墨西哥的環境規制基準非常鬆，因此墨西哥商品（尤其是農產品）對美輸出增大（尤其是利用美國資本使墨西哥更爲工業化），如此會損害美、墨雙方市民的健康，加速環境污染。

第三、則是違反以往民主主義的理念。美國資本流入墨西哥，意味著自一九二九年以來半永久的政權黨的ＰＲＩ（制度革命黨）的權力基礎將由北移入，即事實上支援一黨獨裁體制。

爲了支付這三項成本，與南方鄰國建立自由貿易體制到底要到何種程度爲止呢？——這就是以往的民主黨和勞工組織、自由主義主流派的主張。

柯林頓等人對於這些主張提出了以下的反駁：

二十世紀末的世界經濟出現二大改變。第一就是物資與金錢、人類情報及科技的諸國之間相互依賴，以及超越國境相互滲透的深化。第二則是資源勞動集約型變成技術知識集約型的產業構造的改變，而且這是時代不可逆的潮流，形成全球性的「新經濟」。

因此，美國應該採取的新政策不是抵抗這股潮流，凡事應該順應潮流，將其變爲本國的雇用增大與經濟力強化的機會，才能擴展民主主義，朝強化環境保護的方向前進——。

柯林頓等人提出反駁的根據，也就是新的現實。實際上，可以作以下的解釋。

「第三國家」

首先，就是關於深化相互滲透的問題。

美國對墨西哥出口從七一年到八一年爲止，從十八億美元增加爲一七八億美元，增大了十倍。到九一年爲止的十年內，又增加爲三三三億美元，倍增。九二年一月到九月爲止，與前年同期相比，增加爲二六·一%。

另一方面，墨西哥對美出口也以同樣的規模增大了二十倍以上。而且出口的項目八二年石油佔八成，九一年則降爲三分之一以下。取而代之的則是工業製品，從一四·二%遽增爲五九·二%。到九〇年爲止，僅僅特別加工地區便有二千家企業在此工作，相當於墨西哥全製造業勞動者的二成，五十萬人都在此工作。美國對墨西哥直接投資，從八三年到九一年爲止，增加了三倍。

美國占墨西哥進出口的七〇%，直接投資的六四%（墨西哥的第二貿易國爲日本）。對美國而言，墨西哥是僅次於加拿大、日本（超過德國、英國）的第三貿易國。

在人口流動上也可以證明相同的情形。從七〇年代開始的二十年內，全美人口中，中南美洲人口從一四六〇萬人增加爲二二四〇萬人，三分之二從墨西哥流入。流入人口過半都住在加州和德州，而沿著國境的墨西哥四大都市提法那、錫打德、非亞雷斯、梅西卡里等的人口合計，從一九五〇年到八〇年爲止，大約增加了四倍。美國陽光地帶西南部與墨西哥北部超越國境，呈現「第三國家」的狀態。

九一年五月末和六月上旬，我造訪充滿活力的二個工業都市——提法那和蒙提雷——使我只好考慮中心與邊境——與國境之間的意義。

搭乘飛機從首都到國境西北端的提法那，只花了二個半小時，但是從那裡開車到加州聖地牙哥只需二十分鐘。同樣地從首都到東北部的蒙提雷，搭乘飛機需一個半小時，但是從那兒到北邊的德克薩斯州，開車子要二個半小時。所以，現代社會中到底國境是甚麼，令人難以了解。

機械代替人力

其次，新的現實是隨著產業構造的變換，而使得雇用構造出現了變化。

隨著產業構造的變化，機械的ＭＥ化即機械化，使得製造業部門的生產量大增，在工廠現場（尤其是技術集約度較低的生產工程）中僱用者數減少。勞動集約的流程作業工程被機械所取代，或是必須要流向工資較便宜的南部世界去。全美製造業部門的總生產量從八〇年到九二年爲止的十二年內，增加了二倍。但是總雇用者數反而從一九四〇萬人減少爲一七八〇萬人，產業構造——與雇用構造——呈現變化的不可逆現象。

如果這是「新經濟」的現實，那麼美國爲了強化經濟力，一方面藉著ＭＥ化提高生產力，強化勞動品質。在技術集約度較高的部門建立新職場。另一方面則必須把低附加價值部門移到南部世界，進行產業的「分棲」——。

而且從南方的墨西哥來看，美國產業的「空洞化」對墨西哥而言，反而意味著產業與雇用的增大。七〇年代墨西哥的失業率超過二〇％，但是現在墨西哥民衆在本國內發現了職場，可處分所得和消費人口增大。同時中產階級誕生，釀成一個「市民社會」。同時也使美國商品的需要增大，促進美國產業的活性化。根據九四年度美國經濟諮委員會報告，美國製品的進口需要增大與美國國內雇用相關效果的影響是，美國對外出口每增加十億美元，使美國國內就能重新擁有一萬七千～二萬個工作機會。

重建ＮＡＦＴＡ

因此，政府應該作的是建立國際經濟網路，不應該反對ＮＡＦＴＡ，而應該予以推進。而且民主黨應該推進的不是雷根＝布希流的政策，而是另一個ＮＡＦＴＡ，並不是貫徹企業與權力的共和黨派的道路，而是以市民和民衆的邏輯爲依據，重新掌握超越國境相互依賴與統合的方法——。

另一經濟統合道路，最早在九二年七月民主黨黨大會中的新政策綱領已經提出了。後來在柯林頓政權下的九三年十月，在議會批准ＮＡＦＴＡ之際，以補足協定的形態附帶在條約的本體之下。

關於勞動方面，ＮＡＦＴＡ推進希望爲了避免因產業空洞化而使失業率增加，爲了創出雇用而需要建立職業再訓練計劃。其次爲了防止環境的惡化，要設置監視機構，要設立關稅特別加上地區環境淨化的環境保護基金。同時爲了推進民主主義，在墨西哥總統選舉時，要組織國際監視團，協助其邁入民主主義體制。

此外，ＮＡＦＴＡ還要超越美國大陸，與更廣大的全球市場相結合，因此推出了積極的政策。ＮＡＦＴＡ的範圍必須要擴及波蘭和台灣等地，而在九三年十一月末的雪梨會議中，明白顯示出美國對於APEC（亞洲太平洋經濟協會）的積極態度。現在占世界總生產量一半，最有活力的亞洲太平洋的經濟成長地區，美國也想要確保與擴大其市場占有率。為了使國際競爭力復活，美國拚命在改變。

二、「改變」的美國

「不變的美國」

九二年總統大選之前，英文雜誌『經濟』（九二年九月五日號）以「小都市的復權」為題，製作專題報導。報導美國人平均價值觀的改變。

到底美國有沒有改變呢？記者造訪了人口一三〇〇人堪薩斯州的鄉下都市威克特里亞，探索衆人的價值觀與傳統是否分歧。

的確，家族構成改變了，家族的存在也改變了。性的風俗習慣也產生了變化。全美四分之一的人口把洛克威爾——或是共和黨——的保守主義的傳統視為理想，但是時代變化的波濤也侵襲到這些地方的小都市。在傳統的影子下不斷脫現代的動態，並沒有引起小市民的關心，「民衆耳中聽到的是烤肉、棒球，以及學校校園中的常用字」，所以由「小都市的價値」可以看出九二年選舉的本質。

比爾·柯林頓出生於阿肯色州的小城鎮霍普，而柯爾則是出生於田納西州的卡爾塔格。共和黨的副總統坦·克耶爾則是出生在田納西州北邊印第安州的漢奇頓，布希則出身於阿肯色州西南邊的德克薩斯州密德蘭漢和奧迪薩，度過其幼年期。所以，九二年總統選舉的主角們全都出身於這些地方都市，因此，也可以說是回歸傳統與土著所構成的「地方的復權」或「不變的美國」的景象。

如果注意到美國的政治系統，相信各位一定會發現在「不變的美國」中，隱藏著「改變的美國」的事實。

民主政體的改變

我們要列舉某種政治制度的代表時，總會說「美國政治」。但是尤其在七〇年代以後出現了改變，即原本意味著民衆權力的政治制度已經脫離民衆，而持續培養腐敗的種子，逐漸被民衆遠離的世紀末的民主政治的改變，可分爲三方面來探討。

第一、現任議員的再選率非常高，尤以衆議院爲最顯著。八八年的再選率爲九八％，而九二年選舉達到九三％。參議院的再選率爲八五％，都是非常高的再選率。因此，有人感慨地說「議會議員職成爲終身雇用職」。

連帶增加的是，無風選舉區的問題。例如：衆議院全四三五席中，落選差距不到一〇％的接戰區逐年減少。從八〇年的七二席變爲八八年的三八席，減少爲全議席的一成。九二年選舉時，恢復爲七五席，也僅止於全體的一七％（參議院爲二〇％）。

第二、先前談過，投票率持續降低。總統選舉時，九二年選舉好不容易過止的現象，但是到了議會選舉——尤其在二位總統選舉中間所進行的中央選舉——有權著三人中只有一人去投票。

與歐洲的民主主義國家相比，大約只有一半以下的投票率。投票率降低的原因是因爲選舉權行使的前提，也就是事前的手續，即所謂的「選舉登錄制」。但是用這理由可以說明的低下率，只達到一五％左右。因此低投票率應說是，先前所談及的現職再選率的反射作用所造成的。同時選舉和政治需要花很多錢，形成美國民主主義的金權化這第三項改變。

一八九七年，據馬克．吐溫所描述的前世紀末美國，當時的政治家和貪污瀆職之間有密切的關係，形成「不變的美國」的政治特質。甚至有人說「沒有比議員更可怕的固有的犯罪者階級了」。但是這種密切關係不斷地加深，而使「政治金權化」達到極限。

金權化的白熱化，造成現任議員候選人在選舉時，要花費的金錢增加了。例如：根據聯邦選舉委員會的統計，參議院現任候選人在九二年選舉時所使用的錢，平均為三六〇萬美元。衆議院現任候選人為五六萬美元。參議院的任期為六年，衆議院為二年，因此參議院的現任候選人在任時持續六年，每週都要籌措一萬二千美元，而衆議院在二年內每週都要籌措五千美元的選舉資金，要利用政治獻金或開宴會的方式來籌措。

市民遠離的政治

自從七四年水門事件發生以來，為了防止不當的政治獻金，原則上，這些政治獻金是一人一候補一選舉為五千美元，有義務要透過接受獻金的團體或政治活動委員會（PAC）。但是，隨著政治獻金制度化，透過PAC系統，政治資金限制法不但無法遏制金權政治，反而成為金權政治的促進劑。

多種利益團體建立PAC，政治與選舉變成巨大的「產業」。而且選舉活動的

「民營化」，形成政治與媒體結合化。因此，龐大選舉費用的一半，都用在電視廣告宣傳上，再度促進政治的金權化。

因此，政治家們與媒體開始形成掌管「民主主義」的特權寡頭政治階級。形成政治的職業化，亦即「民主主義的空洞化」。

媒體在政治上插一腳，使得民衆更加遠離政治。諷刺的是，市民透過電視看這些政治遊戲，對政治產生一種疏離感。認爲「依賴電視從事政治活動的人，與不依賴電視的人相比，更容易造成政治的混亂」。

探討電視與政治疏離感的關連性的社會學家M・J・洛賓森等人的實證分析（Televison as a Social Farce），明確顯示具有很高的相關度，同時，也顯示出所得階層與投票率降低的關連性。

PAC與利益團體及職業助選團之間的跳梁跋扈，支持議員的多選化，促進民主主義的空洞化。它相互連動，以美國型小選舉區制爲媒介而展開。

九三年前後——或是波斯灣戰爭以後——政治的電視秀化與造成日本「民主主義空洞化」的事態互相對照。

小選舉區促進金權化

美國的選舉制度，聯邦衆議院選舉區爲一人一區構成的完全小選舉區制。參議院爲一州二名代表制。但是，每兩年總成員的三分之一，各州要改選一名，事實上，參議院是小選舉區制。因此，議會的現職議員一旦獲得席次，尤其像選舉區狹窄的衆議院，就可以完全利用現職議員的地位，進行利、權結合。透過ＰＣＡ收集選舉資金，擴充地盤。八〇年代美國政治的特色（第四章已提及），就是被利、權團體所掌握，很難發揮新動態的議會特色。

政治專家們討厭投資危機，因此會對於地盤穩固——與利、權團體結合性較強——的現職候選人投諸金錢。

根據聯邦選舉委員會的報告，ＰＡＣ的政治獻金總額的九二%用在現職候選人的身上，而新的候選人只有八%。亦即現職候選人與新候選人之間，金錢的差距從六倍～十倍左右。這個差距造成現職候選人的多選化，培養金權政治家，同時也造成民衆對於政治的不信任與無力感。

金錢是政治的潤滑油——希望各位了解美國巨額政治資金的存在，很明顯的，金錢是政治的污染源。

議會政治「停滯」，貪污瀆職的疑惑，侵襲議員歷二十數年的重量級議員們。八九年民主黨的衆議院議長吉姆・萊特辭職，而九二年改選在第一〇三議會中伊利諾州選出的民主黨的參議員洛斯汀克夫斯基，以及共和黨的提連貝加參議員等現職議員五人，因爲獻金醜聞而受到彈劾。同樣的，在擔任州長時代的政治獻金問題，也使得總統被質疑。令人覺得諷刺的是，希望能夠防止政治腐敗而抬頭的總統的過去，卻象徵著金權化的美國民主政體的現在。

三、平民主義的抬頭

培諾的任務

「穿著鱷魚皮鞋走在K號街的說客們」——諾斯・培諾對說客們做如此的描述，將他們的行動和選舉資金的限制推上檯面，成爲總統選舉的爭點之一。在首都華盛頓的一條K號街，說客們和PAC的辦公室處處可見，而且經濟的全球性化，包括日本企業在內，連說客們都已經國際化了。培諾主張應該要限制這些說客們，而這個主張也得到柯林頓的支持，但是布希卻始終保持消極的姿態。

總統大選時，柯林頓曾經保證政治活動委員會能夠給予一位候選人的資金上限額，應該從現行的五千美元削減爲一千美元。掌握政權以後，也曾經上呈選舉資金限制法案，但是主要由於民主黨議員的反對，因此無法履行約定。可是，上呈的選舉資金限制法案中，融入了很多防止金權政治化的計畫。

例如，巨大法人或富豪們，透過個人獻金的形態，提供總統候選人的獻金管道爲非合法化的管道，以接受選舉資金總額的公家限制爲條件，贊助候選人電視、印刷、通信費等的公費，而衆議員從ＰＡＣ那兒得到的獻金，限制爲選舉總費用的三分之一以下，並打算將其法制化。嘗試將政治從職業政治家及說客們的手中，重新放回市民的手中。

草根的動態

但是，在我們重新評估美國民主政治復原力時，首先浮上檯面的，就是民主主義的空洞化，想要藉著政治資金的限制與削減加以阻止的動態，經由廣泛草根市民運動而逐漸成為事實。

拉爾夫・尼達等人擁有會員數二十五萬人，推動生活者連帶運動組織，成為政治腐敗防止法的草根運動的開端。實際上，這些運動團體，不單只是向議員或政府反覆做出遊說活動而已，每週都會發行二十萬～三十萬本的硬質雜誌，持續進行媒體與輿論的啓蒙活動。

而使得這些市民運動更展現活力的，就是希望將議員公職任期加以限定，亦即參議院限定為二期十二年，衆議院為三—六期（六年～十二年）並予以法制化的全美任期限制運動（US Term Limits）。

最初，運動為了推翻由民主黨多選議員支配的議會，因此成為共和黨系的運動而出發。結果觸發了草根市民以及篤志家們不論黨派的運動，如燎原之火，從西海岸擴展到全美各地。

「打算回到建國之父湯瑪斯・傑法遜的思想。對於議員任期限制為二期的想法——是當初憲法草案中已經草擬的方法。只希望藉著民衆將政治民主主義的理念體現。如此才能夠杜絕腐敗與金權化的根。」

來自印地安那鄉下擔任義工的年輕事務局長，在距離白宮不遠的運動總部於九三年夏天對我做了如下的說明。

「全美三分之二以上的州，目前在裁決同法案的階段，預定將同法案當成憲法修正條款而向議會提出。目標爲一九九九年。」

運動手段已經超越了既存的議會制民主主義的範疇。成爲直接民主主義的手法，以在制度內的住民發議權爲武器。市民擁有直接提出議案的權利，而且可利用住民投票的方式決定法案通過與否。因此，在十九世紀末，於與金權時代所誕生的政治腐敗相抗衡的革新主義運動之下，民衆獲勝了。直接民主主義的手法，還想要和二十世紀末金權時代新產生的政治腐敗的現象相抗衡，現在再度於歷史上登場了。像平民主義的抬頭，就是其中的一種表現。

議員任期限制法案的開端，是九〇年克羅拉多州的居民經由投票所決定的，九二年總統大選時已經遍及十四州。幾乎所有的州，都得到三分之二以上的壓倒性支持票。九四年春天時又加入三州，席捲全美三分之二的州。

阻擋牆

從九三年～九四年，柯林頓政權堪稱是在兩種力量的爭執中持續奮鬥。

次章爲各位叙述傾向於社會改革的柯林頓改革的動向，因爲既得權益網和民衆文化而產生激烈的反彈。換言之，也可以說是「不變的美國」對於「改變的美國」的反彈。在尋求改變的攻防戰中，說客們跳梁跋扈，議會動彈不得。

在「改變的美國」與「不變的美國」——兩個力量的爭執當中，柯林頓民主黨政權到底要把美國帶往何處呢？而柯林頓的政權眞的能夠成爲「民主黨多數派」的時代先驅嗎？

第七章　改變之路

——柯林頓政治的實驗——

「市場不是完美的。例如，被獨占支配，造成過度污染，或是R&D投資的不足。有時候我們必須透過團體行動，矯正這些『市場的失敗』，藉此才能夠提高私人市場貢獻社會目的的力量。」

總統經濟諮詢委員會年次報告

（一九八四年二月四日）

一、「被遺忘者」的政治

「傑克遜之日」

九三年九月二十一日，在面對白宮的廣場上，聚集了將近一千名市民。有穿著牛仔褲、留著長髮的年輕人，還有各大學的學長及教師們。在最前排的是首任和平部隊長休萊巴。在白宮的南庭，總統爲年輕人的國民奉獻計畫法簽名。聽衆興奮異常。

後來，總統和夫人希拉蕊一起參加與記者們的餐會，說明醫療保險法案的概要，要求支援。一八三〇年代的平民政治家傑克遜總統，就曾經請記者進入白宮的廚房，詢問他們的意見，稱爲「傑克遜之日」——在報紙上出現這段的標題報導。

文森死後不久，柯林頓委任共和黨中庸派的大衛・加根擔任發言人，在華盛頓政權團體中加入一些新的成員，採取新的人事補強政策。雖然以阿肯色人脈爲軸，但是已經漸漸開始撤退了。

首先，就是捲入白水案攻防戰中的九三年春天，繼納斯巴斯和夏威爾之後，在夏天，總統就讀喬治城大學時代的舊友亞德曼也不得不辭去官職。這個做法似乎是爲了應付共和黨的攻勢。

柯林頓在納斯巴斯辭職之後，任命純粹的華盛頓人羅德・卡特拉，六月中旬又任命有十七年議員資歷的行政管理預算局長李昂・帕尼塔代替馬克拉提擔任總統首席輔佐官，而且提拔加根爲特別顧問。

在南庭的市民大集會以及柯林頓版的廚房會議，就是新加入的政治家加根的巧妙演出。

在此之前，柯林頓在關於醫療保險法案方面，得到全美勞工組織「ＡＦＬ，ＣＩＯ」會長卡克蘭德的同意，在第二天的議會中，說明法案的全體像。開始致力改革眞正的攻防戰。

「拾回被遺忘的中產階級的美國夢」，因此，要使荒廢的社會再生，使衰退的經濟復甦——。自總統選舉以來，柯林頓將這些當成是自己的政治課題，反覆地對國民強調。這不禁讓人想起半世紀以前標榜「被遺忘者的政治」的Ｆ．Ｄ．洛茲威爾特的「改革時代」。

對改革的希望

「傑克遜之日」，柯林頓感到特別的高興。雖然因爲文森之死而感到非常的悲傷，但是後來成功地渡過了危機。四月要求議會承認的景氣刺激法案被廢除，八月十日，包括稅制改革在內的預算調整法得到議會的承認，以衆議院二票、參議院一票的「千鈞一髮」之差而獲得了成功。

這個成功，雖然讓這些人預感到朝向「再生之旅」的前途困難重重，但是卻鼓舞了他們的士氣。同樣的情形，在外交上也出現了。

在一週前，柯林頓成功的讓以色列和巴基斯坦解放組織（PLO）互相承認，在南庭進行由總理拉賓和阿拉法特議長主持的中東和平的歷史簽約儀式。

九月二十一日，俄羅斯的葉爾欽總統對最高議會提出解散命令的反擊。在此之前，議會以壓倒性的多數通過卸除總統職務的決議。總統出動治安軍，莫斯科陷入緊張與混亂之中。

但是，柯林頓等人對於俄羅斯的民主文化與改革仍然抱持強烈的期待之心。因此，和記者們一起展開餐會的柯林頓，利用熱線打電話到莫斯科，鼓勵葉爾欽，約定持續支援。而公開報告此事項時，市民們歡聲雷動。

柯林頓就任以來，將對俄羅斯的支援當成是冷戰世界結束後最大的外交課題。在牛津大學留學時代結交的二十多年的舊友斯特洛布．塔爾波特——『時報週刊』的編輯，是一級的俄羅斯通——認爲爲了要打開這個混沌的俄羅斯狀況，需要對於葉爾欽「改革」派政權積極地給予經濟支援。

因此，九三年四月初在溫哥華召開美俄首腦會議。在對於本國的內政改革有所期待的同時，也對於新生俄羅斯的民主化改革，表現強烈的期待之心。

類似的事件，也出現在因爲軍事政變而製造出無數難民的海地。同一天逃亡中的「解放神學」大師海地總統亞里斯提德，在南庭附近於黑人議員聯盟議員的陪伴之下召開記者會，希望美國能夠支持他回歸民政。而柯林頓等人也認爲海地和俄羅斯及舊共產圈諸國同樣的，是在可能實現民主化的射程範圍內。

二、倒三角形——另一種稅制改革、行政及限制緩和

前進之路

要使荒廢的社會再生，使衰退的經濟復甦——我想在內政改革上支持這些人士氣的，應該是在昔日的「喧鬧的二〇年代」的金權時代以後的新政復權的想法吧！再生之旅就具有這意義，應該是指過去到未來之旅。

與新政時同樣，他們想要使逆進化的富者優惠稅制再逆轉。與新政時國土市民保全隊同樣，想要藉著國民奉獻計劃給予年輕人夢想和希望。希望藉著NIRA（全國產業復興法）和TVA（田納西峽谷開發公社），而能夠使荒廢的產業再復興。希望藉著NAFTA或ETI，以及情報高速公路等，使得衰退的產業再興。

因此承繼三〇年代新政社會保障法的精神，希望能夠使得半途而廢，遭遇挫折的國民醫療保險法復權。

從新政到新邊疆精神，對於社會改革復權的想法，表現在當天在南庭接受招待的

三人的存在上。

三〇年代被保守派視為「醫藥的社會主義化」而被埋葬的國民醫療保險法案的三名推進議員——瓦格納、馬雷、丁傑爾——的兒子，出現在這些政治家的面前，也可以說從這時候開始，柯林頓的改革已經從自由主義向前邁進了一大步。

累進稅制轉換

九三年八月，在議會進行預算調整法中軸的稅制改革，就可以了解到這時代已經到來了。遺憾的是國內外媒體——連七〇%以上（WSJ／NBC輿論調查）的美國國民——站在「被遺忘者」的立場上，認為雷根採取減稅措施，而柯林頓採取增稅措施。但是實際上雷根減稅卻意味著增稅，反之柯林頓增稅卻意味著減稅。

的確，以平均所得稅率來看，平均增稅約〇・九七%。但是對於年收入二萬美元以下的下層階級而言，所得稅削減了一・五%到三・六%。對於五萬美元的中產階級而言，稅的增加部分僅止於現行稅額的〇・〇二%到〇・三九%的範圍內。反之，稅制改革增加的政府稅收增加的八成，實際上是從年收入二十萬美元以上，全美總世代的一・二%的超富裕層徵收而來的。

雷根稅制下的「簡素化」、「逆進化」界限稅率——一五%、二八%、三一%的各稅率——在新稅制下的最高稅率爲三一%，是以年收入爲十四萬美元以上的最富裕階層爲目標，接抬至三六%（十四萬美元到二十五萬美元的年收入者）、三九・六%（二十五萬美元以上的富豪層），所以美國的稅體系的確轉換爲累進稅制了。

另一方面，小企業十家中有九家給予非課稅範圍擴大的恩典。四萬美元以上的法人所得的法人稅率，從現行的三四%增加爲三六%，包括外國法人在內的巨大企業則進行徵稅強化的措施；而用起來「像喝水一樣」的汽車汽油一加侖，要徵收四・三分的燃料稅。雖說這是大衆課稅的作法，但是稅制的確轉換爲累進稅制了。

這種轉換，是爲了削減八〇年代大資產階級者，所遺留下來的巨額財政赤字。

不同的財政觀

要如何削減財政赤字呢?這問題與爲何要削減財政赤字等財政觀有關，即與政府論或國富論的本質有關。

參與柯林頓政權的智囊團（政策顧問）們，並沒有在「財政均衡」論的靜態範圍內來掌握問題。

合併歲出估計歲入，合併歲入估計歲出的「財政均衡」論。對於雇用和成長而言，只能夠發揮本質的消極機能而已。要創造成長與雇用機會，財政「出動」的積極作用是不可或缺的。由這意義來看，利用財政支出擴大內需或轉換爲成長的原資，與凱因茲主義的源流相符合。

因此，他們拒絕了根據憲法修正條款，必須利用根本法進行均衡預算的議會內，保守派與共和黨的主張。

他們採取的是其他的手段和不同的目的，因此主張削減赤字並提出方案。

富里德曼和菲爾德史塔因等新保守主義者（或新自由主義者）們，向市場構造的自由機能和政府的介入的「小政府」來尋求富國之路。因此，他們一方面削減所得稅，緩和政府的限制，要求削減多餘的市民福利服務。認爲不接受他者（政府）的支援，而能夠在生存競爭中脫穎而出的人的自由躍動，才是產生財富，促進經濟活性化的最佳方法。將雷根時代的「減稅與行政」置於財政政策的中軸上。

另一種「行政改革」

柯林頓等人拒絕新保守主義者的立場。他們與重視供應者不同，把國家劃分在

「彈珠」的內側，焦點集中在佔大多數國民的常民身上。

因此，一方面與新保守主義者同樣，主張去除無效率行政或浪費，也就是進行「行政改革」。

但是，與新保守主義者不同的是，這行政改革並非與政府對於市民服務的削減有關。而是注意到福利服務的無效率和浪費，因此，行政的主要目標並不是「多餘的市民福利服務」，而是要削減「多餘官僚機構」，提出另一種「行政改革」之路。

就任一個月後的總統柯林頓，削減了白宮職員二五%，節省了一千萬美元。同時約定要削減聯邦政府職員十萬人，節省九十億美元。就任的第二年，一般教書演說的赤字削減計劃是聯邦職員的削減幅度，五年內擴大為二十五萬二千人，聯邦公務員總數二百一十萬人減少為一八五萬人——甘迺迪政權時代的規模——三百餘個既存事業的縮小和一百一十五個事業計劃的全廢，也是同時推出的計劃。

沒有剩餘的市民服務，配合時代的要求削減多餘的官僚機構，去除對於現代市民而言不需要的事物。其中包括TVA等新政期殘存的計劃，以及六〇年代原子爐研究開發相關諸機構，還有美蘇冷戰下膨脹的巨大軍事基地網、價格不菲的武器計劃等在內。

此外，柯林頓政權也要求現存官僚機構的徹底效率化。

要求成本效率化

檢查官僚機構的浪費，致力於行政效率的提升，同時創立「全美業績提升總檢討」計劃策定小組，由副總統柯爾統轄。

基於成本效率化的觀點，九四年度推出最後的ＳＣＣ（超傳導粒子加速機）的計劃預算。

在布希政權時曾經談及在能源部管轄下的ＳＣＣ計劃，圓周三十五公里的隧道中發現了使素粒子衝突的「未知物質」，宣稱是二十世紀巨大科學的發現。但是隧道的設置場所是在與布希有地緣關係的德克薩斯州，因此，被視爲具有濃厚利權臭的作法，其成果受到歐洲專家的質疑。而且和昔日的ＳＤＩ同樣，總額達數兆美元的巨額資金，不能夠全由美國來出資，許多部分都必須要要求日本的援助。

刪除官僚機構方面，包括農務局和退役軍人局等有關的政府補助金在內，都進行裁量支出計劃。同時也涵蓋與社會保障福利有關的義務支出計劃在內。例如：要強化市民福利服務的量與質，但是，也必須要多花點工夫去除「福利女王」現象和「福利墮民化」。

因此，例如：對於未婚母子家庭生活扶助的給付條件，規定必須要和雙親同住，希望能夠抑制「十餘歲母親」的增加；而AFDC和失業保險的給付期間規定為二年，在這期間有義務接受職業訓練教育，以便於自立和再雇用，藉此實質上縮小了社會福利預算。

「以往進行的福利即將結束了」——信守選舉承諾的柯林頓，希望在五年內累計削減社會福利支出達七十億美元。不顧閣內的反對，將其總額縮減為九十三億美元為止。

而且這些「行政改革」不只是削減赤字而已，對於其他政府民生支出的有效「出動」而言，也是不可或缺的方法。基於同樣的「行政改革」的觀點，柯林頓等人要求削減不斷高升的政府醫療保險費，因此，醫療制度改革成為「被遺忘的衆人」復權的改革中樞，同樣地也成為削減財政赤字計劃的一環。

另一種限制緩和論

另一種行政改革就是，剩餘官僚機構削減的限制緩和論。

柯林頓政權掌握政權之後，趕緊削減聯邦政府職員，同時在二年內把政府部內的諸限制減半，排除許可手續的重複繁雜，推出限制緩和策略。

但是柯林頓政權的限制緩和策略，只是希望使行政服務的成本效率化，因此，美國總統經濟諮詢委員會報告中所說的「不給予企業不當的服務，開發能夠使國民得到最大利益的限制範圍」。

由這意義來看柯林頓政權的限制緩和策略，與雷根＝布希政權的限制緩和策略目的不同。換言之，柯林頓政府對於私人企業的限制緩和，既不是宏觀經濟成長的主要手段之一。同時緩和的對象也不只限於經濟限制，甚至包括環境破壞等的社會限制在內。

成本效率性的強化——市民服務的提升——置於新限制之下，納入他們的限制緩和論的射程中。包括「為了填補修正市場的失敗，不得不進行的限制」的發動在內的「關於限制計劃與再檢討的總統行政命令第一二八六六號」，顯示出另一種限制緩和論的範疇。

縮減軍備政策化

多餘市民福利服務，多餘官僚機構的削減——即另一種行政改革——必須要特別強調的是，先前已經談及過的封鎖基地和包括中止籌措武器在內的，一連串縮減軍備措施。

稍後會爲各位探討，面對蘇聯共產主義消滅後冷戰後世界的現實情形，柯林頓的縮減軍備計劃並不很完善。儘管如此，與雷根＝布希政權下的計劃相比較時，軍備削減幅度非常大。例如：布希政權構想的國防支出削減預算案與柯林頓的削減預算案相比，九四年度柯林頓的削減預算案削減額度爲六七億美元，五年內累積要削減一千億美元以上。

柯林頓政權下的縮小軍備構想的削減幅度相對增大，只要看對GDP比就可以了解了。換言之，八六年度國防費用達到GDP比六・五％，九三年度爲四・八％，而九七年度爲三・二％，不斷地縮減。如果以九三年度的GDP六兆五一〇〇億美元來換算，則八六年度當時的國防費換算額爲四二三〇億美元，到了九七年度時，縮減爲二三三〇億美元，減少了一半。

兵員數從八六年當時的一七〇萬減少爲一四七萬人體制，而國內相關雇用者總數希望從八七年的七二〇萬人，縮小爲九七年度四五〇萬人。

在新政權下策定財政赤字四年削減計劃，利用一連串的「行政改革」減少二四七〇億美元的歲出，藉著「增稅」增加二四六〇億美元的歲入，在四年內削減掉了總額達五千億元的財政赤字。根據他們的國富論，長期投資需要花大筆的預算，因此最後赤字削減總額維持在三二五〇億左右。但是九七年度赤字如果爲了實施該削減計劃，預測值會從三四六〇億美元降爲二〇六〇億美元，因此財政赤字的對GNP比會從九三年度的五·四％降低爲九七年度的二·七％，大致減少了一半。

但是，柯林頓的經濟社會政策並不只是藉著一連串的「稅制改革與行政改革」，推出削減財政赤字的策略而已。柯林頓等人甚至把觸角伸向經濟社會政策的中軸，希望藉著財政的積極出動而能夠建立一個 完善的國富論。

三、另一個國富論

超越「市場的失敗」

美國的財政赤字超越臨界點——對此他們的邏輯如下：

財政赤字阻止了歸還債務的政府支出——與公共投資——的出動，因此導致美國經濟本身的社會經濟基礎弱體化。另一方面，利息不斷地上升，民間設備投資慾望增加和生產力降低，阻礙了雇用與成長。經濟全球化導致美國經濟對於世界經濟的依賴度顯著增強，因此，財政赤字奪走了美國的競爭力。

超越臨界點的巨額財政赤字的產生，是由於市場萬能主義的「新自由主義」經濟社會政策所造成的。因此這種「市場的失敗」迫使政府必須要出動。經濟再生的關鍵不應該是對於富者的減稅和限制緩和等市場信仰的回歸，也不應該是造成社會不安，捨棄弱者的「行政改革或稅制改革」。要使國家擁有財富，不應該只是資本的跳梁跋扈，也不應該是追求私益與效用的「自由躍動」——。

基於以上的邏輯，他們提出了國富論的計劃。

第一、藉著「政府的介入」與公共投資的積極出動，配合逐漸改變的產業構造的積極出動，配合逐漸改變的產業構造的需求，致力於勞動的質與社會經濟技術基礎的強化。

第二、去除由於疾病或失業，以及犯罪的激增，而導致「被遺忘的普通人」的不安，建立一個配合勞動就能夠讓市民有所收穫的社會。這時經濟的復甦與社會的再生，就好像是同一枚硬幣的表裡二面一樣。

第三、如果美國的繁榮要依賴全球化的世界經濟，則政府無法積極地擴大國富的政策。美國和日本、亞洲新興諸國一樣，要導入所謂的產業政策，削減另一種巨額的赤字——貿易赤字——傾注全力於「世界市場的開放」上。

這就是改革的三大課題。柯林頓和智囊團們雖然具有微妙的差距，但是共有這三大課題迎向再生之旅。

多彩多姿的智囊團

先前已經敘述過，冷戰世界結束後時期柯林頓政權新設的國家經濟會議（NEC），而其領導者就是魯賓。他來自華爾街，自祖父以來便擔任民主黨員。從柯林頓擔任州長時代，就贊成柯林頓認為美國經濟再生之路，應該在於政府投資的增大的想法上，認為投資不足導致美國的衰退，成為「第三赤字」。可以說是政權內代表專業商業立場的人物。

這商業專家與經濟諮詢委員長洛拉·泰森不同，對於醫療改革方面主張穩健的方案，而關於通商交涉方面，和泰森、坎特等通商代表，同樣地基於美國的「國益」推進立場，強化對日強硬政策的必要性。由於立場相同，因此強硬主張對中國與其採取人權外交，還不如給予中國最惠國待遇，而確保其市場。對日交涉的窗口則是經常到日本的卡達國務次官，成為其輔佐官。

另一方面，泰森從加州大學躋身於政權，其著作『誰打誰』成為柯林頓政權的對日通商政策聖經。

在同書中，他認為摩擦的主因在於日本的構造障礙。同時也由於美國政府的積極介入而形成產業政策的缺失，批判美國對於以高科技為軸的新產業構造的發展，起步太遲。

同樣地，以全球化新世界經濟登場為前提，泰森的立場與勞動部長萊修卻有微妙的差距。換言之，萊修對於超越國境的多國籍企業的協調體制給予極高的評價，但是泰森卻認為在各國國益互相衝突的世界中，必須要注重現實。為了保護本國的「國益」，強烈建議政府的積極介入政策。

還有一位是出身於普林斯敦大學的亞蘭・布蘭達，以及出身於史丹佛大學的約瑟夫・史提格里茲。布蘭達在九四年六月就任聯邦準備理事會副議長，專心應付景氣復甦所引起的通貨膨脹問題，和利息太高的問題。

「他的缺點就在於絕對不會採取數量的手法。」（New York Times，2.9.

1994）被新保守主義的芝加哥學派的魯卡斯所批評的史提格里茲，倡導「市場不完全」說，將市場萬能主義所造成的對環境的負荷稱為環境外部性，主張將其納入經濟政策中。

史提格里茲的教科書長達數百頁，討論「市場的失敗」，只有數頁在訴說「政府的失敗」。諮詢委員會的改革案的作成，由他負責醫療改革與環境問題。同時代替在布希政權下，建議舊蘇聯社會主義國徹底推進市場自由化的哈佛的薩克斯等人，而負責俄羅斯、烏克蘭的市場經濟化支援問題。

此外，來自布魯金格斯研究所的亞里斯・里布林，擔任行政管理預算局次長，實踐其社會福利政策的推進與削減財政赤字策略的理論。後來隨著帕尼塔擔任總統首席輔佐官之後，他被拔擢為局長。

環境派與社會派

傾向於社會改革的經濟學家們，成為新政權的智囊團，其中值得特別一提的就是前亞歷桑那州州長布魯斯・巴比特內務長官，與總統副輔佐官負責醫療改革的哈洛爾德・M・伊基茲所代表的環境派與社會派。

哈比特是著名的環境保護論者。他的立場強硬，在九四年六月成爲卸任的自由主義派的布拉克曼的後繼者。傳說在柯林頓政權下，繼金茲巴格女士之後會成爲最高法官，但是後來事實並非如此。和副總統柯爾、環境保護廳廳長加洛爾・布拉納、能源廳廳長海塞・歐里亞里等人，同樣屬於政權內的環境派。歐里亞里基於環境保護的立場，反對再進行核子實驗，與潘打根對立。基於地球安全保障的立場，反對俄羅斯——和日本——的鈈政策。

另一方面，伊基茲則代表政權內的社會派。從事反越戰運動，是七二年馬克加邦總統選舉運動以來的柯林頓總統夫妻的舊友。繼承在羅斯福政權下，擔任內務部長的父親哈洛爾德・L・伊基茲的衣缽，和希拉蕊與負責醫療的首席顧問亞拉・馬加基那，一起爲實行全民醫療保險制而打開苦難之路。和衛生署長德那・夏拉和司法部長李諾一起構成社會派厚層。

這些智囊團們在就任時，年紀大約四十五歲至五十五歲左右，是屬於越南世代的「新美國」代表。與雷根政權下，所謂正統派的經濟學家們是完全不同的團體。姑且不論世代或年齡，與前任者是完全不同的組合。觀察歷史與帝國的現象，有志一同希望改變這現實。

因此尼歐．凱因茲——也許應該說是接近歐洲社會民主主義——總稱爲尼歐新政的作法，全都被拋諸腦後。

四、在何處投資甚麼？——成長與雇用的引擎

是貓頭鷹或人類

掌握政權以後，柯林頓政權被迫作一選擇。

從美國西北端的華盛頓州到奧勒岡州、加州有廣大的原始森林。由於這地區的森林砍伐導致人跡未至的原始森林，以及在此棲息的生物陸續消失，甚至連一種珍貴的貓頭鷹都瀕臨絕種的危機。

爲了解救貓頭鷹，環境保護團體提出禁止砍伐的請求，經由法院裁決通過。但是卻遭到以砍代森林維生的業者和當地居民的反對，展開了激烈的反對運動。開發或環境，地區經濟或自然保護的選擇，令柯林頓政權左右爲難。

實際上，這地區的木材砍伐從八〇年代開始成長。從八二年的二十四億板英尺

（一板英尺爲一英尺平方，厚一英寸），八八年急速成長爲六十七億。在其背後再加上自日本進口的增加，成爲共和黨政權下的開發政策。例如：當時的副總統奎爾利用自己所主持的「產業競爭力恢復委員會」推出緩和濕地帶保護限制的政策，想要改變濕地帶的定義。打算把超過一億英畝的美國內濕地帶的一半，變成休閒地等可以開發的地區。

由茱莉亞·蘿勃茲所主演的電影『塘鵝文書』，以一連串環境保護運動的展開爲背景。電影把瀕臨絕種危機的塘鵝當成背後的主角，舞台則是美麗的喬治亞州廣大的濕地，探討與總統大選有關的利權和最高法院的人事等。

九三年七月，捲入「是貓頭鷹或人類」紛爭中的柯林頓政權，最後決定取貓頭鷹而捨人類。因此，包括貓頭鷹棲息地在內的聯邦森林地帶的最大年間砍伐量，限定爲十二億板英尺。同時準備了地區開發的代替案。藉著聯邦政府的公共投資投入同地區，增加了五千四百名勞動者再訓練機會，與八千餘人的雇用機會，策定了地區經濟調整計劃。新的雇用和職場大都是由改良同地區內的水質，致力於水產業的展望，改善森林管理的企業所提供，由政府來支援。因此，現存原始森林至少八〇%，五十英畝以上得到了保護。

環境共生的產業構造

企業或個人的私人活動破壞了環境。為了予以修復，不能夠造成社會成本的負擔。但是如果沒有政府的介入，無法保護環境，無法應付「環境外部性」所造成的成本；而環境外部性必須由造成成本的人負擔，應該限制破壞環境的私人活動，所以應該要重新檢討應該還原於效用與便益的開發，以及既存經濟和高科技的作法——。基於以上的立場，柯林頓政權避開共和黨政權下的開發優先主義，而明確地表明環境保護主義的立場。這可以說是由於產業的變換而形成的另一項要求。

先前談及過，在第三次產業革命下，產業轉變為高科技技術集合體。但是即將到來的二十一世紀，可以預見產業將成為環境共生體。地球社會全球化，如果不與環境共生，則技術、國民經濟，甚至人類的存續都會變得很困難。

這種改變形成新產業社會背後的基軸，因此衰退的美國經濟復甦之路，應該不只是政府，提高勞動的質與動用財政來調整通貨膨脹的問題。政府投資也必須兼顧到配合要求與環境共生的產業，以及地球社會的請求。

因此，他們一方面主張與地球環境共生的「可能持續發展」的再定義，提出綠色

（環境保護）ＧＤＰ勘定方式的策定，來代替以往的生產力第一主義的ＧＤＰ。另一方面，爲了能夠因應環境共生的產業構造的改變，主張政府研究開發資金應該投入環境保護技術的開發中。

在經濟諮詢委員會的報告中，泰森和史提格里茲等人基於以上的觀點，建議對於地球環境的保護和再生必須要採取國際性的主動。而且建議政府財政應該投入水質淨化基金與環境保全和環境基本建設強化上，並建議美國在關於環境技術的世界市場上，應該擴大市場占有率。

掌握環境科技市場

九二年，美國擁有超過二九五〇億美元的世界環境技術市場，尤其關於污染管理設備方面，美國的貿易順差持續增加。而且在極東、東歐、墨西哥等「新興工業地區」急增的環境限制活動，引出對於這些地區污染技術開發的美國環境技術的需要，而提高環境技術競爭力，成爲美國經濟再生不可或缺的計劃。

因此，他們提出抑制成爲地球溫室效應原因的溫室效應氣體排出的氣候變化行動計劃，希望找尋一些替代能源來代替石油能源，因此建議開發電動車等新一代的運輸手段，同時創設負擔「汽車社會費用」的停車課稅。

基於氣候變化行動計劃，規定美國溫室效應氣體排出到了二〇〇〇年爲止，要削減爲一九九〇年的水準。因此到本世紀末爲止，投入十九億美元的聯邦預算，同時藉著環境科技的改善等等，將可以節省相當於六百億美元的能源。

此外，藉著新一代的運輸手段，將能夠擁有比現在汽車多達三倍以上的燃料效率。同時要開發能夠符合嚴格廢氣排放規定的新型汽車，因此，政府與三大廠商實施共同研究開發的計劃。

關於停車課稅方面，修改扣除雇主提供的停車場的費用（年間約五二〇億美元）的現行稅制。雇主要補助通勤費，彌補從業員的停車場費，而其費用由政府以扣除稅的方式扣除，促進民衆多利用電車或地下鐵等公共交通工具。

軍民轉換的計劃

不斷改變的世紀末的產業社會，不只是要求與環境的共生而已，應該要求更能展現「人類風貌」的重視民生脫軍事型社會的共生。

因此，一方面要把政府資金積極投入在長達半世紀冷戰與雷根經濟下，被壓縮的高速道路網等運輸交通手段中，同時還必須強化國內治安、教育、住宅、醫療等社會民生部門。另一方面，政府財政也要投入肥大化的兵員和兵器廠及基地網的民生轉換中，認爲軍事基地和兵器廠由於演習和化學武器等，而成爲環境污染非常嚴重的地區，因此這些要求可以說是，配合國民經濟與市民社會、環境共生的新的，最低限度條件——。

柯林頓政權爲了達到軍民轉換，策定成爲廣義產業技術戰略的技術再投資計劃（TRP）的五年計劃「國防再投資轉換計劃」，預算爲一二〇億美元。

雇用對策方面，多達數十萬的國防勞動者進行再訓練計劃，希望他們能夠擔任教員、健康職員、警官等公職。其次，地區社會對策則是關閉一百數十個基地，而對於受到影響的地區進行開發援助，同時支援被關閉的基地環境的淨化工作。被解雇的前國防技術者則進行再訓練計劃，讓他們成爲污染改善技術者，同時制定將焦點集中在造船上的海洋科技開發計劃。

改變的道路圖

同時，配合高度技術化社會的要求，必須強化通信情報基本建設；而配合高齡化社會的要求的醫療保險制度的改革。在一連串的改革計劃中，成爲爲了使脆弱化市民社會再生的至上課題，也可以說是進行改革的道路圖。

我們就以數字來探討這問題！

柯林頓政權估計的財政投資四年總額約一千六百億美元——其中支出總額爲一千億美元，租稅投資稅扣除額爲六百億美元——的累計額中，關於各種基本建設強化的投資約三成。其次，貧困兒童的教育扶助和包括移民勞動者等多樣化的職業訓練計劃，以及提升一般教育水準的「目標二〇〇〇」，占教育、訓練投資的四分之一弱；而防範、失業保險、勤勞者扣除等，所謂的「對勤勞的報酬」投資和糧食劵的增額等社會醫療、福利的投資，和對於小企業的投資等民間投資活力的投資，三方面各占一五%左右，積極推出重視民生的積極財政出動路線。

一方面強化對於人、高科技以及基本建設的投資，另一方面，把投資重點置於環境、情報、軍事轉換和醫療上，這就是「再生之旅」的道路。

的確，這些財政投資總額絕對不是有利潤的作法。尤其龐大的財政赤字成爲枷鎖，政權能夠自由裁決的支出有限。有志於改革的政治家們必須要面對這些事實。他們必須在議會內外和既得權益團體互相交戰，而他們手中握有的「王牌」實在太少了。在這種雙重現實之下，他們必須陷入改革的苦鬥中。

五、阻礙改革之路者——既得權益網和民衆文化

內在構造障礙

討厭改革的既得權益網既廣且深。

因此阻礙改革者和主張改革者之間展開了熾烈的抗爭，而且即使強調「經濟的復甦」與「社會的再生」，但是改革還必須朝著社會的發展前進，所以，這些改革的行動與在美國社會根深蒂固的民衆文化正面衝突，而產生激烈的反彈與抗爭。

既得權益網和民衆文化在帝國興亡的歷史中息息相關，對於改革的抵抗與反彈，象徵著衰退帝國的殘影，而這殘影致使改革計劃雪上加霜。

雖然有人批評柯林頓是「戰後史上最差的總統」，但是柯林頓政權的政治領導力是無庸置疑的。例如：政權成立第一年的提出法案議會通過率爲八六·八％，在過去三十年內最高。在這段期間內——布希政權時，曾七度行使的——對議會總統否決

權，從來沒有發動過。儘管如此，對於政權的支持率還是很低，改革派政權的道路並不平坦。

苦難的開始始於柯林頓最早提出的三六〇億美元的公共投資，刺激景氣復甦法案，在議會被否決了。而且九三年包括預算調整法案遇到難關。

在包括預算調整法案的審議過程中，對於巨大企業的包括能源稅法案被否決。能源課程只限於對於庶民的燃料油稅，而歲出原案二九一〇億美元也減少爲二三〇億美元。遭遇到依據古典財政均衡論，保守既得權益網的逆襲，也可以說是反稅民衆文化反叛的開始。

阻礙改革的不只是保守黨方面而已。例如：繼預案通過之後，第二道難關就是NAFTA。全美勞工組織成爲強硬的反對派，因此，柯林頓等人必須要得到共和黨的支持，才夠通過法案。這時候，甚至在螢光幕上好久不曾露臉的反NAFTA國民運動擁護者洛斯·裴洛，也因爲在德克薩斯州內的自己的利權，而反對這項改革。顯示出阻礙「改革」的既得權益網非常廣大。

阻礙改革的第三道難關也是最大的難關，就在於槍砲管制的問題上。

阻礙槍砲管制的障礙

槍砲管制具有雙重的構造障礙。

首先即全美壓力團體中，號稱最大最強的全美步槍協會（NRA）的存在。會員二七〇萬人，年間預算爲九六七〇萬美元（九三年度）。在全美擁有數十個分部。以前詹森和尼克森二位總統曾擔任會長，與龐大的槍製造產業和相關產業結成同盟軍。NRA充分利用九四年中央選舉眼前的「政治季節」，一方面把政治獻金當成糖，另一方面使用鞭子威脅拒絕協助選舉者，對議員展開猛烈電話攻勢和遊說活動。

這行動得到誕生於自助努力和牛仔傳統的美國民衆文化的支持。阻礙槍砲管制，形成一種構造障礙。保障自衛權利的憲法修正二條就象徵著這一點。持續半世紀，槍砲管制法案反覆上陳至議會，卻遭遇到流產，就是因爲這雙重構造障礙的緣故。

改革者感到最痛苦的是，在社會各層深入的犯罪，尤其是殺人，甚至波及白人居住郊外住宅地，以及年輕層和家庭內，持續威脅著地區社會和家族的存續。這就是一種社會的變化。尋求自衛權利的民衆文化與尋求自由和安寧的另一種民衆文化，互相對峙，而後者開始凌駕於前者。

毀壞的牆壁

惡化的現實瓦解妨礙槍砲限制的牆壁。

會員數爲NRA的十五分之一，年間預算爲十分之一以下而已。包括推動槍砲管制條例的市民團體步槍管制聯盟在內，反對擁槍社會的草根行動已經開始胎動了。在「政治季節」前，反過來策動保守議員們，希望能夠推行槍砲管制條例。

這些行動中，短槍限制法在NAFTA成立後的九三年十一月由議會通過，因此規定購買手槍必須有五天的待機期間。其次，關於十九種攻擊的半自動槍的生產保有禁止法，在九四年五月衆議院以二票的些微差距通過，同時參議院也通過了未成年者的擁槍禁止法。到了八月末，長達數個月的激烈攻防戰之後，修正了被否決的法案，成立了包括犯罪防止法。

因此，如果三次犯下凶惡大罪的人處以終身刑的「三振法」，及超過五十人以上現在收容中的重犯罪人，處以死刑的條例，以及犯罪預防地區協助計劃，警官增強十萬人態勢等，都獲得同意。在減額修正方面，五年內分配三百億美元的預算，可以說是美國史上的「一大改革」。

這改革不僅意味著長達半世紀的擁槍社會牆壁的毀壞，同時也表示對於「個人自由」的絕對信仰，美國的民眾文化基礎已經開始動搖了，因此，我們也可以預見帝國黃昏的到來。

六、醫療保險的攻防戰

另一種既得權益網

但是遺憾的是，限制「個人的自由」，國家希望能夠介入市民私人領域，致力於「社會安寧」的另一改革。關於全民保險制度，由於阻礙改革的牆壁太厚，所以不容易瓦解。

與槍砲管制的情形同樣的，巨大的既得權益網開始發揮作用。不單只是與醫療有直接關係的醫師或醫藥業界及民間保險業界的反對罷了。

關於醫師方面，拒絕支持讓所有的國民都能夠享有醫療保險的權利與利權的全民制的改革案。小兒科醫師、婦產科醫師、家庭醫師、黑人及少數民族醫師、預防醫師的各相關團體，支持全民保險制。但是，這些都是以傳統的民主黨爲支持團體的醫師團體。

不過，醫師團體當中，擁有最大會員數的全美醫師會（ＡＭＡ）靠向共和黨，雖然當初支持全民保險改革案，可是後來又撤回，轉而成爲強硬的反對派。還有，牙科醫師會也加入。而全民保險制會直接威脅到既得權益的保險業界——全美壽險協會及獨立派保險業界——及美國醫藥協會、護士協會等都加入了。

柯林頓所提出的醫療改革案，是希望能夠抑制持續高漲的藥價，使得（原本共和黨色彩強烈）全美製藥工業協會（ＰＭＡ）成爲批判派。而中小企業對於改革案中的保險費雇主負擔制，採取強硬的反對路線。相反的，汽車、鋼鐵等大型企業，最初認爲即使由企業負擔但仍願意長期支付醫療費負擔的消除方案，不過後來在改革案審議的過程中卻轉爲反對派。

由總統夫人希拉蕊所負責主持的醫療改革法案製作特別委員會，在九三年一月創立，直到法案議會審議開始的九四年三月爲止，爲了改革反對而動員了六五〇個利益團體。以院外活動爲軸，在這段期間，他們也支出了總額高達一億美元的政治資金。後來，反醫療政治資金朝向中間選舉激增，對於改革的抵抗也日益強烈。

民衆文化的反擊

爲何即使遭遇激烈抵抗，仍然必須要實踐醫療改革呢？是否現行醫療制度有欠缺之處呢？民衆文化持續問柯林頓政權這些問題。

「適者生存」的原理，與個人和企業的「自由躍動」，掌握國家與社會繁榮的關鍵。支撐社會適者生存原理基準的民衆文化，在提出這些反問時，也提出了以下的邏輯。也許無法在競爭社會中獲勝而必須脫離社會，這是無可奈何之事吧！自己的健康與醫療不應該來自他人的支援，而國家也不應該介入醫療方面。這種民衆文化的社會倫理，證明了將一切交給市場構造的市場至上主義的邏輯。

就和槍砲管制的情形一樣，新政（美國總統羅斯福一九三三年實行的克服經濟危機的政策）以來持續半世紀以上的全民保險制的嘗試，幾經挫折，就是因爲在現行醫療上蠶食鯨呑的既得權益網的擴張，在國民間已經根深蒂固，這就是因爲民衆文化所造成的。

醫療的雙重「病態」

對於來自民衆文化的反問，改革者做了以下的回答。以民間市場爲依據的美國的醫療制度，本身就已經是一種「病態」了。（如第四章中所叙述的）醫療費——醫療保險費——不斷地上升，包括醫療事務管理費在內，西方諸先進國之中，以美國的醫療費最高。GNP的一四％一兆二千億美元浪費在醫療上，在先進國家中，平均壽命卻最低，嬰幼兒死亡率最高。將近四千萬國民處於無保險狀態下，而退休的高齡者們，爲了支付昂貴的醫藥費而花掉了退休金，使得貧困層和流浪漢預備軍增加，製造出「社會荒廢」的土壤。

而且，「社會的荒廢」與「經濟的衰退」有連動關係。個人因爲昂貴的醫療費，而減少了可處分所得。對企業而言，由於企業負擔的增大，使生產力降低；對國家而言，壓迫財政，成爲赤字的恆常要因，造成社會資本的貧困。

美國的醫療費，對GDP比這十年來倍增。而與醫療費的急速上升成反比的，則是儲蓄率的GDP比從八％降低爲四％，另一方面，工業製品的生產成本，加上從業員的醫療保險費在內，例如，一輛汽車的生產成本（採取全民保險制），加拿大的生產成本超過三百美元以上。這個現實，就表現出美國醫療制度的「病態」。

疾病的處方箋

「荒廢的社會」與「衰退的經濟」——這是市場中心主義的醫療制度所造成的雙重疾病，而對於生病的醫療制度的處方箋如下。首先，就是藉著政府的積極介入，不論貧富或年齡差距，儘量讓國民享有醫療的機會，亦即實行全民保險制成爲一種「不可讓的人權」。

九三年十一月，柯林頓提出以下的改革案。

第一，新設各州政府管理下的「地區醫療保險組合」，個人及大半企業加入這個組合，能購入民間保險。以組合加盟者的保險購買力爲背景，被保險人與醫師或保險公司等交涉，以在對加盟者有利的條件下，選擇購入保險（在加州等數州展現實績），也就是民間「醫療維持組織（HMO）」的原型。

第二，關於保險費方面，由「地區醫療保險組合」所選定的保險費的八成由雇主負擔，二成由從業員負擔。但是，其額度以給與總額的七・九%爲上限，關於負擔增加的大中小、零細企業或貧困層，由政府給付補助金。在奧勒岡州已經實踐，是備受矚目的「奧勒岡方式」。

處方箋的最後則是，填入財政赤字削減五年計畫案。也就是說，採取全民保險制所需的政府歲出負擔額約三千四百億美元。而歲入增額，藉著醫療支出伸長率的壓縮以及提高煙稅，還有對於未加入醫療保險組合的大企業課以重稅，大約可以得到四千億美元。實施全民保險制後數年，歲出會有若干的上升，但是五年後，到了二〇〇四年時，醫療費的抑制以及醫療支出的壓縮展現效果，財政赤字約削減六百億美元，而企業負擔的醫療支出也會縮小。

反擊的說客

但是，自處方箋公布、改革宣傳活動開始進行之後，社會各階層，尤其是既得權益網開始擴大反抗與抵抗的圈子。也許是因為改革的處方箋本身就是對既存的醫療制度宣戰，才會出現這樣的結果吧！

醫師會和保險業界，以及九三年春天改革案剛進入議會審議階段時，美國工商會議所和全美製造業團體，對於從業員保險費八成負擔制表明反對的立場。同時，害怕因為調漲煙稅而使得營業額減少的香煙業界，向從北卡羅萊那州到喬治亞、肯塔基的

「煙路」各州的南部民主黨保守議員展開強烈的遊說活動。因此，使得支持柯林頓政權的權力基礎出現微妙的龜裂。在「政治季節」到來時，以既得權益網的「糖與鞭子」爲媒界，議會反對全民醫療保險制。

說客們的行動實在是太猛烈了。付出美國史無前例的龐大金錢。壓倒改革的政治過程。

爲了反醫療改革，他們在電視廣告上所使用的資金，就比九二年總統選舉時的廣告費總額五千萬美元超出了一千萬美元。在其過程中，成爲反全民保險妥協案中心的米契爾民主黨議員們，自七九年以來，從醫療、保險業界那兒得到六十萬美元～一百萬美元的獻金。

與槍砲管制的情況同樣的，在醫療方面，包括勞工組織、消費者團體、公民權運動團體、殘障者組織等一部分經濟團體在內，有七十五個以上的團體加入推進宣傳活動，展開對抗遊說活動，反覆進行廣泛的草根市民運動。

而柯林頓在議會的重要案件受到既得權益網和說客們的妨礙，爲了打破僵局，以說客的資金限制和給與議員的贈與禁止爲主，準備好了限制院外活動法案，再加上政治資金限制法，對於妨礙改革的勢力進行塡滿護城河的作戰。

如新政時期一般……

儘管如此，抵抗醫療改革的範圍卻不斷地擴大。

爲了實現自新政以來持續遇挫的全民保險制，柯林頓手持的「王牌」，亦即是政治資源本身太過於脆弱，這是必須要注意到的實情。

爲了不負國民的期望而登場的F・D・洛茲威爾特，爲了讓一九三五年的社會保障法——從今日來看實在是不完善的社會保障法——得到議會的承認，因此不斷地讓步，結果滿身是傷。滿懷改革的熱情進入華盛頓的這些新政主義者，早在一九三五年就對總統及改革感到非常失望了。

「進步派陷入悲傷、灰心的狀態中。……他們相信是總統讓自己痛苦、失望的」。「新政政客們努力想起遙遠的往昔，爲了使新政邁入軌道，衆人日夜忙碌（二年數個月前的往昔）……在以往，確信如果能夠堅持到最後，就能夠創造出新的美國。」（A Schlesinger, Jr., The Age of Roosevelt: Ⅲ，邦譯『羅斯福的時代』第三卷，一九〇頁）

的確，希拉蕊一年召開二百次以上的記者會，比羅斯福夫人更少，但是，希拉蕊卻被批評為「背後的總統」。而柯林頓等人在醫療保險上，一直希望能夠改變草根的輿論，進行醫療改革。

根據九三年七月下旬的輿論調查（NYT／CBS），十人中有八人認為實行全民保險制「非常重要」。但是在輿論出現的同時，於反改革派激烈輿論攻勢的影響下，又擔心改革反而會使現在自己所得到的利益受到侵害。因此，雖然只是理論上討論醫療改革是一種「福利政策」，但卻無法轉為改革的強力援軍。

而且，反改革派充分運用白水事件以及農務長官艾斯皮的貪污瀆職卸任事件等，讓民衆懷疑政權中樞。向柯林頓伸出魔手，希望能夠保持「社會公正」的復權，而珍貴的政治資源就這樣地持續被剝奪。

「政治的季節」是說客們暗鬥的時刻。議員們與其呼應，不斷地展現行動，使政治離市民越來越遠了。強調醫療制度的議會的作法，市民們認為這只不過是華盛頓政治專家和議員們的權力表演而已。

他們對於既成政黨和既存政治產生不信任感，對於現任議員們的多選化產生強烈的反感。導致政治爭點曖昧不清，改革者所依賴的民衆的權力基礎開始動搖，持續吹出對於中央選舉的不吉利序曲。

分裂的帝國

「不變」的美國打算改變而進行苦鬥。實際上，「改變的美國」與「不變的美國」在不斷進行改革計劃的爭執，而爭執的根底具有二種不同的自畫像。由這意義來看，分裂的自畫像之間的紛爭並沒有結束。

一方面是看清衰退帝國的現實，想要藉著社會改革使美國再生的改革派的自畫像。另一方面則是否定帝國的衰退，想要藉著徹底實行雷根‖布希之流的個人主義與市場經濟——使美國興隆的保守派的自畫像。在改革的力量遊戲中，後者開始展現威力。

九四年八月上旬——槍砲管制法案被否決之後，醫療保險法案在參議院審議中。但是審議第一天的開頭陳述，由共和黨院內總務——九六年總統選舉最有力的候選人波布·德爾闡述自己的自畫像，也可以說是帝國像。

「美國擁有世界上最優良，最好的醫療保險制度。」他曾在最初的演說時，提到了三次。後來也說：「現在我重複說三次，我強調美國能實現世界最好、最優良的醫療保險，是因爲尊重個人自由和市場自由。因此，如果增稅或加強政府的權限，由政府要求國民加入醫療保險，把醫療制度交給政府官員去實行，是斷然不可行之事。」

（New York Times, 8.10.1994）

由不會改變的「小政府」論與新自由主義國家論所支持的「美國帝國」像，就是這幅自畫像。在持續產生「不滅大國」美國論的「帝國殘像」中，波布・德爾等共和黨保守派仍然持續生存著，而其殘像得到美國民衆文化的支持。

因此，這些改革者在醫療法案方面，在議會內必須妥協，暫時中止審議。最後法案決定中央選舉以後再議。

秋風吹起的「政治季節」到來時，改革者比以前的新政主義者面臨更殘酷的局面。冷戰結束所帶來的新世界，使美國的自畫像更爲龜裂。分裂的不只是自畫像，而是帝國本身。冷戰後在世界上動搖的外交更加速了帝國的分裂與衰退。

第八章　帝國的結束

——動搖的外交——

「我將遏止國防費削減，充分維持我軍的應即態勢和品質……。能夠確保我們的安全，建立永久和平的最佳戰略，就是支援民主主義的前進。民主主義國不要互相攻擊，要在貿易與外交上成爲好伙伴。」

總統一般教書演說

（一九九四年一月二十五日）

一、帝國的殘像

「戰爭是具有其他手段的政治延長。」克拉塞威茲的這番話，換言之，就是「外交是具有其他手段的政治的延長」。

橫梗於內政改革前的困難增大，擁有巨大軍事力的帝國領導者們爲了糾合對內政的支持，因此必須發現共通的外敵，採取強硬的對外政策，激起民衆內在的國家情結。所以，內政改革與對外強硬政策，就這個意義而言，可以說是帝國政策同一個硬幣的表裡兩面。

內部的「對外強硬」要因

原本柯林頓等人對於雷根＝布希的武斷主義的冷戰型外交加以批判，因此，在外交上，讓人覺得「優柔寡斷」。他們認爲應該採用和平手段，而不是採用軍事介入的方式。不要藉著一國單獨主義，而要透過多國間主義或聯合國主義來處理事務。這是以國務卿威廉·克里斯多夫、負責安全保障的總統輔佐官安東尼·雷克，以及以前曾任馬克那馬拉國防部長的輔佐官雷斯・亞斯賓首任國防部長等頂尖的外交負責人所引導的想法。而且聯合國大使馬迪連・歐爾布萊特和民主主義、維特和平活動負責人國防次官莫頓・哈爾培林及舊友曼迪爾・波姆則從旁支持。

政權以內政而非外交——也就是帝國經濟的再建——爲最大課題，很早就表明了「朝內」的志向。政權的基本姿態本身，在外交上是採取消極的作法——不拿手的作法——這就是在衆人心中對於政權的強烈印象。昔日柯林頓曾師事福爾布萊特參議員，在喬治城和牛津大學專攻國際關係論。

看似消極的協調路線的成果，是結束了中東與南美長年來血的對決，達成兩項歷史和解。請各位注意在中東和平過程中發揮作用的克里斯多夫的表現。昔日卡特政權下的國務次官江普・大衛想完成的「忠實調停者」的夢想，藉著以小國挪威的外交努力爲媒介而開始實現了。即使後來捲入北韓與海地的危機中，和前上司卡特之間開始出現微妙的龜裂，但是夢想還是開始實現了。

不過，勿論成果如何，在外交上，柯林頓政權仍然得到消極、不拿手的評價。冷戰結束後的世界，逐漸邁向紛爭的泥沼化，而這種印象深烙在民衆的心中。衆人覺得好像仍然生存在長達四分之三世紀以上的帝國殘像中。認爲華盛頓方面只是專注於內政，對於從海地到阿富汗、波斯尼亞的紛爭，似乎無法發揮積極的作用。不！應該說其結果柯林頓等人對於對國內改革出現強烈抵抗、政權支持率逐漸走下坡之際時帝國民衆潛在的不滿，仍然擺出與協調路線不平衡的強硬對決姿態來應付。

軍事介入的軌跡與輿論

由這個意義來看柯林頓的外交使美國帝國踏入正確的軌跡。事實上，戰後歷代的總統，不論是有意或無意的，就好像與政權支持率降低的時機吻合似的，會在這個時候推出對外強硬政策。根據調查，從艾森豪到布希爲止，發生軍事介入事例有十八件，其中，除了越戰時的四例之外，幾乎都出現了提升政權支持率的效果。最高的就是布希的攻擊伊拉克，得到十九點，平均値爲四．七點。

九三年七月，由於巴格達空中爆炸事件，使得柯林頓三七％的低政權支持率上揚了七點。九四年九月的海地進攻，使得四〇％的支持率又上揚了九點。在白水事件暴露前後推出的對於北韓核子武器感到懷疑的強硬政策，以及醫療法案遭受挫折之後，對於伊拉克的軍事行動表現過剩的軍事對應，這一切的行動都顯示出擁有巨大軍力的帝國外交的軌跡。

在冷戰結束時期，尤其波斯灣戰爭以後，美國輿論的動向，除了對外強硬政策以外，並不支持直接持續的軍事介入。而對於海地軍事介入後的輿論進行調查（九四年九月十九日），發現承認派兵到海地是對的做法的輿論，比介入前增加九%，但是仍然不到五成（四五%）。相反的，贊成撤兵的輿論，超過五成（五二%）。民衆還是在意帝國軍力的界限。也就是說，介入波斯尼亞的地上戰，只是柯林頓外交猶豫不決的做法，但是，也忠實反映出輿論與帝國力量的現況。

民主政治朝世界發展

在超越外交的搖擺不定的範圍下，柯林頓等人將比共和黨政權更強的民主主義的理念，化爲使對外強硬政策正當化的道德根據，使得支持帝國的「倫理政治的力量」，亦即是正義，在帝國的黃昏時大放異彩。

從威爾遜、羅斯福、杜魯門、尼克森到布希，尤其是民主黨的領導者們所抱持的理念，柯林頓和他的顧問們也一樣擁有。他們仍然生存在希望民主主義能夠擴展到任何一個國家的普通性，以及希望民主主義能夠創造和平的和平性的雙重神話中。

冷戰結束時的民主主義神話更爲強烈。他們將使共產主義結束的冷戰的終結，視爲是西歐自由民主主義的勝利，將冷戰後的世界看成是「歷史的結束」，而且認爲具有卓越軍力與「領導世界」意志的超大國，在地上只有美國一國而已——。

因此，美國支持目前仍然有共產主義份子殘存的舊共產主義諸國的市場經濟化，認爲有推進民主化的義務。同時，認爲對於目前尚未解放的非民主主義獨裁國家，應該要擴大民主主義，將其變爲「愛好和平國」認爲有責任要消弭對於美國及西方世界的威脅。自威爾遜以來，「將民主主義擴散到全世界」的「帝國美國」的世界像，在冷戰結束後，綻放強烈的光芒。

二、另一種軍備擴充

顚倒倒退的意義

對於目前尚未解放的非民主主義國家所製造出來的危機以及區域紛爭，唯一的超大國美國要如何處理呢？要結束這些危機與紛爭，使這些國家變成民主主義國家，美國應該怎麽做呢？

對於西半球的古巴、海地，東邊的北韓，以及中東非洲地區的伊拉克、伊朗、索馬利亞、亞塞拜然和波斯尼亞等非民主主義獨裁國家與回教之間的紛爭——挑起共產主義與原理主義的爭執——至少對於這「兩個地區紛爭」的威脅，美國必須具備能夠同時處理的軍事能力才行，在政權發展之後，由亞斯賓著手進行的「美國國防力的整體評估」，經過數個月的檢討之後，得到了結論。

的確，在冷戰結束的今日，美國不再需要如以往般巨大的核子武力。核子大國蘇聯的解體與消滅，以及美蘇縮減核武的一連串進展，使得世界發生核子戰爭的可能性——與妄想——減少為零。九四年十月，五角大廈將「世界末日戰爭」計畫當成是「冷戰的結束」，而將其半永久隱藏起來，就象徵了這個事實。

命名為「最後審判日」的同計畫，是經過十一年歲月、花費八十億美元製作而成的，計畫內容是，假設受到蘇聯核子武器攻擊後，首都要移到阿巴拉契亞山脈內兩個巨大地下防空洞中，藉著核子武器的反擊，維持三個月的政府機能，能夠在核戰中殘存下來的詳細計畫。也就是在約瑟夫．奈等自由主義者所主張的「與核子共存」的連續線上的計畫。看起來好像很合乎理性，但是，事實上卻是脫離理性的「核子武器時代的瘋狂」。

戰略家們認爲「兩個同時發生的地區紛爭」的威脅，將取代美蘇核子武器戰爭的威脅。其次，建議必須要準備好強化對付這些威脅的「立即戰鬥能力」。而且將這些製造出新威脅的非民主主義獨裁國家視爲「流氓國家」，提出對於這些「流氓國家」，要採取另一種「封閉戰略」。

柯林頓縮減軍備的缺失

前面提及柯林頓政權致力於縮減軍備的政策化，策定了一連串軍民轉換計畫，將其視爲是經濟重建計畫不可或缺的一部分。冷戰結束後，帝國的力量衰退，而積極縮減軍備的計畫，的確具有價值。

但是，柯林頓縮減軍備，將其重新定位於冷戰世界結束後的現實中時，卻出現了一些缺失。也就是說在「縮減軍備政策化」的背後，進行另外一種軍事擴張行動。

首先，在柯林頓政權下的國防預算，與雷根擴充軍備達到頂點的八五年度預算相比，到九九年爲止的五年內，軍事費總額及武器籌措費，實質價格爲三分之二，對GNP比從六・四％預定要削減爲三・二％。由這個意義來看，的確是大幅度地縮減軍備。但是以長遠的眼光來看，這個縮減軍備，只不過是回到了越戰結束的七五年時的縮減軍備的範圍而已。

柯林頓新國防預算，報紙將其批評爲「雇用指向型國防預算」（Washington Post. 9.13.1993），削減的主體是總兵員數，其目標是想將國防力的主軸轉換爲「有效、減少浪費的精強科技型武器群」。

事實上，武器籌措費——也就是正面裝備——到九七年爲止，與九四年水準相比，實質預算增強二三%，與七五年水準相比，增強了一三%。事實上，在七五年當時存在的蘇聯及其同盟國，現在已經不存在於地上了。而武器籌措費比起前一年度實質值增額一～二%，在通貨膨脹調整額中，五角大廈增加了五十億～二百七十億美元的預算。

奇妙的是，關於R&D（研究開發）費的問題。九五階段軍需R&D費占全政府R&D費的五六%，在軍民兩用科技開發戰略的大義名分之下，而提出要加以強化的建議。到底這會對於美國民需國際競爭力的強化有何貢獻呢？

微妙的遏止作用

第二個缺失，就是在九四年二月的一般教書中，柯林頓說明「絕對不再配合超出範圍以上的國防支出的削減」，微妙地遏止了就任時所提出的「政策化縮減軍備」的計畫。正確而言，九五年度當初國防預算加算了二十六億美元。而新預算案五年內累計加算了二百億美元，到九九年爲止，國防預算（代替當初二四九〇億美元）將增額爲二六五〇億美元。

從兩方面來看這個問題，會發現它具有不容忽視的意義。

一個就是國防支出本身，以目前的情況來看，政府比較能夠自由處理分配，亦即「裁量的支出」占整體額的五〇％。爲了社會的改革，在華盛頓的新政領導者們，事實上能夠巧妙運用的裁量支出額，不到一〇％，大約只有三十億美元左右。這個現實，表明了國防費微增所具有的深切意義。

第二點則是美國的國防支出，只不過是朝向七五年水準的縮減軍備之路前進而已。以整個世界的縮減軍備潮流來看，還是太大了。

例如從八七年到九一年，世界全部總兵員數二六〇〇萬人，削減了二七〇萬人，以人口比而言，每千人中從五・七人縮小爲四・八人。的確，中國和印度的武器現代化，不斷地進步，可以從俄羅斯得到一些廉價的武器。還有像台灣這種軍事預算增加了五〇％、巴基斯坦士兵增加二四％的國家存在。但是，全世界的武器出口量爲六二%，軍事支出總額爲一四%，各自減少，尤其第三世界的軍事費，與八七年相比，縮小了二〇%以上。

全球性縮減軍備的潮流，集中在冷戰的最前線俄羅斯與德國的新動向中。俄羅斯舊蘇聯士兵三八〇萬人削減爲二百萬以下，軍事費從八七年的三五九〇億美元削減一成以下，只不過爲二九〇億美元而已。另一方面，東西德統一之後，東德士兵十七萬三千人被吸收，總士兵數從八七年的四九萬五千人減少爲三十萬人，減少了四〇%，而軍事費總額從五五七億美元減少爲三九五億美元，減少了三〇%。現在俄羅斯的武器出口，也降低爲舊蘇聯的三成以下。

在世界武器市場上，美國出口量所占的比例，反而超過了七成。美國的縮減軍備的計畫，對於這些冷戰下結束後的縮減軍備潮流而言，到底具有何種意義呢？

過大的航空母艦群

第三則是，關於柯林頓政權下的國防計畫，浮上檯面的問題是，爲何在冷戰結束後有十一艘航空母艦、四五～五五艘攻擊用潛水艇、十七萬四千名海軍，卻還要維持十八艘彈道飛彈潛水艇以及維持著普通的兵力呢？

關於後者的計畫，雖然注意到了與俄羅斯的戰略削減核武措施（ＳＴＡＲＴ）的實施時需要擁有的軍備量，但爲什麼（爲配合應付強大蘇聯的普通兵力或「膨脹主義」而策定的）前三者的武器群這些投入精悍兵力的能力，在「沒有蘇聯共產主義的今日」還需要存在呢？即使如五角大廈（美國國防部）所說的「可能同時發生兩種大規模的區域紛爭」——他們認爲可能發生在伊拉克與北韓——但爲了加以處理而擁有巨大的航空母艦群與投入兵力能力，也未免太大了。

當初，著手進行國防力的「重新評估」時，布希政權使得十三艘航空母艦預計要削減爲十艘。但是違反當初的預料，五角大廈內的官僚卻讓一艘航空母艦復活，變爲十二艘。雖然只是追加一艘，但是相關的籌措費與演習訓練、武器維修費等，則五年內需要追加八十三億美元的支出。

昔日新政政策在國內改革的苦鬥中，推出了軍事消費政策，成功地使經濟復權，而柯林頓可能也想加以倣效。但這仍是不變的「帝國外交」的屬性。

另一個縮減軍備計畫

在距離華盛頓ＤＣ不遠，三層樓建築中的二樓有一間名爲「軍民轉換、縮減軍備全國委員會」（通稱ECD）的辦公室。是包括事務員在內成員不到三人的貧窮地帶。這個小的情報中心，面對現在「縮減軍備時代」的到來，成爲伴隨縮減軍備和關閉基地等而產生的失業對策及屬於地區開發的全美網路的情報中心。雖然不像「進行縮減軍備經濟會」（ECAAR）一樣擁有豐富的資金力，但是一生奉獻給「縮減軍備經濟學」的S·梅爾曼（哥倫比亞大學名譽教授）及經濟學家J·K·賈爾普雷斯，還有前參議員馬克加邦，以及柯林頓政權的縮減軍備顧問安·馬克桑等人，他們都是委員，也就是草根縮減軍備運動的中心人物。

在這個中心所發出的十數頁季刊小冊子『新經濟』九三年夏號的封面上，印著一張表。右欄是美國主要現有武器系統的價格一覽表，左欄則是將這些應用在國內外民生投資上時，代替計畫的一覽表。我們發現，只要將龐大軍事預算的一部分轉用到民生部門，就能夠擠出令人感到驚訝的許多社會資本和國際民生貢獻費。

例如，停止花四九億美元導入C17運輸噴射機十七架時，則全美的貧困家庭兒童全部都可以得到援助資金。只要停止支出V22垂直離著陸用艦搭載機的成本三百億美元，就能夠提供全美與保險者的醫療保險福利。停止使用八億美元購買八十架直昇機，就能夠償還美國向聯合國借貸的未償還的金錢，可以支付兩倍的分擔金。或者是只要停止總額三三五億美元的最新型F22戰術戰鬥機二五〇架的經濟……。

到底什麼才是使美國衰退的經濟及荒廢的社會復甦之路呢？這個小市民中心的小冊子，將這個問題丟給冷戰結束後的美國外交去處理。同時，就好像這個問題找不到答案一樣，美國不單只是帝國，同時，想要復甦爲健全的「普通國家」是不容易實現的。

三、在混沌之中

抑制「流氓國家」……

衆人想要問的是，在沒有蘇聯的脫離冷戰下的世界，美國眞的需要這麼龐大的武器群嗎？

在軍備的維持強化上，能夠擁有既得權益的五角大廈，以及現在殘存的軍產複合體，不只是強調「兩種大規模地區紛爭」的威脅代替了蘇聯的共產主義，而他們也強調核子與生化武器擴散到非民主主義獨裁國家的威脅，認爲必須要處理這些威脅。而且認爲其他諸國對於這些軍事侵略根本無法防患於未然，是「不可能抑制的國家」，將這些國家定義爲「流氓國家」。

自九三年秋天以來，亞斯賓就指出，「現在世界上三十幾個國家，大都是與美國及其友好國或同盟國敵對的國家，目前已經保有或開發核子與生化武器及其搬運手段」，不僅是舊蘇聯的諸共和國或中國，連伊拉克、伊朗、北韓、利比亞、敘利亞等都是。認爲對於這些國家必須要採取「封閉」非人道大量破壞武器擴散的作法。這就是柯林頓軍事戰略第二支柱——「擴散對抗戰略」。

從SDI到TMD

五角大廈已經採取了自制的行動。但是在九四年三月亞斯賓辭職之後，繼任國防部長的威廉・培里，對於「擴散對抗戰略」塗上了一些保守派的色彩，而且由保守派官僚國防次長德丘於背後控制。

首先，就是培里認爲俄羅斯會從混亂中重新站起來，「變成權威主義、軍國主義、帝國主義的國家，呈現與西方敵對的**最惡劣事態**」。因此，認爲應該要防範「舊冷戰的復發」。

另一方面，主張對於威脅的「謀報活動」的必要性，認爲不只要處理來自「不可能抑制國家」群的攻擊威脅，同時，也必須要處理核子及生化武器擴散的威脅，總之，必須要開發「防衛」武器系統——戰域飛彈防衛（ＴＭＤ）。希望以全球性的規模，配備三千的地上、海上配備對抗彈道飛彈，因此需要二五〇億美元的預算。而九五年度國防預算，希望增強爲二六五〇億美元，並且得到了承認。以前ＳＤＩ在布希的政權下，藉著宇宙小型迎擊武器「光輝小石頭」而縮小爲限定防衛構想（ＧＰＡＬＳ），但是現在在柯林頓政權下，又更換形態，以ＴＭＤ登場。

正義的瘋狂

但是，Ｓ．Ｍ．基尼（軍備管理協會理事長）正確地指出，ＢＭＤ並不具有能夠防止核武或生化武器擴散，或是抑制「流氓國家」進攻的效果。反過來說，一旦受到任何的威脅時，就會建立假想敵國，使得世界縮減軍備的潮流，轉而變成擴張軍備的潮流，強化防止核武擴散的體制，反而會流於空洞化。

我想，在九四年中央選舉之前的十月，將以往對中國凍結的科技飛彈輸出禁令解除，就表示了這個空洞化。爲什麼柯林頓又要重蹈覆轍呢？

如果說阻礙槍砲管制及醫療措施，是帝國的民衆文化與既得權益網的表現，那麼，現在妨礙軍備縮減的，應該是以五角大廈爲軸，殘存的軍產複合體的既得權益網，以及生存在帝國殘像中的精英份子們的文化吧！在柯林頓政權下，政權外都有軍事外交優秀份子持續陷落。這個陷阱的軸上，橫臥著他們的與民主主義的普遍性及和平性對立的信仰。所以，反過來說，「要將民主主義擴張到整個世界」的說法，不是帝國正義論的產生，不是一種正氣，而是一種瘋狂。

貧困與孤立製造的「威脅」

海地問題的本質，並不是軍部的支配要回歸「形式上的民主制」。如果說占有國土九成的百名富豪們，無法解決他們所製造出來的貧窮問題，則這個島上無法擁有眞正的民主主義。「洗腳的孩子比擦鞋的孩子更多」，能夠讀書識字的人在國民中不到三成的社會，又如何能夠在他們之間擴展民主主義呢？從海地到索馬利亞，從伊拉克到亞塞拜然，從古巴到北韓，紛爭與危機的根源，並不在於民主主義的缺失，而在於貧窮和低開發的病態。不！應該說與古巴和北韓同樣的，是因爲來自西方的經濟交流斷絕而陷入痛苦中，造成國內經濟落後。

但是，冷戰結束後的世界，美國民主政治具有至高無上的價值，在民主主義的普遍性與和平性的神話中持續生存，衆人深受山繆・漢其頓（哈佛大學）所說的『文明的衝突』所吸引。

從非民主主義的獨裁國家與民主化的國家之間的對立抗爭中，看到冷戰世界結束後紛爭主軸的亞斯賓，以及從哈佛進入CIA的約瑟夫・奈（現任國防次官），還有艾茲拉・威基爾教授等人，看穿了柯林頓政權下知識份子的世界像，以及「非西歐」與「西歐」的對立抗爭，了解世紀末世界紛爭的本質，與漢其頓所描述的世界像之間的距離幾乎是零。

長久混沌的開始

換個角度來看看，軍備的縮減與擴大，非介入與介入，協調與對決，在兩種極端中不斷動搖的柯林頓外交的現在，一方面得到民主主義神話的支持，但也察覺到神話是虛構的，因此，帝國優秀份子的心開始動搖了。

在蘇聯瓦解及東歐市民革命之下，冷戰結束，他們不認爲這是資本主義的勝利，而是民主主義的勝利。而且與二世紀前的法國革命互相呼應，就好像謳歌「自由平等與博愛」的一七八九年的革命一樣，一九八九年市民革命，揭開了新啓蒙時代的序幕，但是事實上有很多都只是夢想。

可是，現在出現在我們眼前的這個混沌與紛爭的時代，到底是什麼呢？在此我們忽略了歷史家凱南所警告的，冷戰的結束，並不是資本主義的勝利或民主主義的勝利，而是意味著核武軍事擴充及加以支持的帝國秩序的破綻。帝國秩序的破綻，就好像法國革命形成長達二十年的混沌與戰爭的時代一樣，還會持續引出一個長期混亂與紛爭的時代。

這時，在製造混沌與紛爭的彼岸形成「非西歐世界」，而在製造秩序與和平的此岸，持續著民主化的「西歐世界」。而對於來自彼岸的「威脅」，需要以軍事力來加以應付。然而，在這種情況下，帝國及其秩序本身就會解體。因此，不僅是美國的民衆，比民衆更優秀的份子，在帝國的餘暉中持續生存，但是他們自己引出、同時加速了黃昏時刻的來臨。

結語——大海嘯來臨

歷史的失敗

九四年十一月的中央選舉，因民主黨歷史的失敗而落幕。中央選舉本身，對於總統本身具有不利的力學，而民主黨的失敗超越了力學。

民主黨與共和黨的議席數，在參議院改選前為五十六對四十四，改選後變成四十七對五十三，在衆議院改選前為二五六對一七八，改選後變為二〇四對二三〇，情勢完全逆轉。同時進行改選的三十六州的州長選舉，共和黨確保二十州，與非改選合併，超越全美五十州的三分之二。

在傳統上具有強烈地方的政治色彩的民主黨，尤其在衆議院持續占優勢，但是民主黨的優勢已經瓦解了。

共和黨在雷根政權下的六年內（八一～八七年），重新擁有參議院支配權，自艾森豪政權下的五四年以來，已經闊別四十年不曾控制參衆兩院了。而且自尼克森政權下的七十年以來，二十四年後重新獲得半數以上的州長席次。總統與黨議會選舉失敗這一點，是僅次於第二次世界大戰以後四六年杜魯門民主黨，在參衆二院共計失去六十七席。五十八年艾森豪共和黨共計失去六十一席的大衝擊。

不，對於民主黨而言，最大的衝擊可能是州長選舉失利。在加州、紐約、德州、佛羅里達四大州的州長選舉中，民主黨除了佛羅里達的現職候選人之外，全都失敗了。這似乎就是總統選舉預備選舉的先行指標。在組長選舉中的失敗，也表示九六年總統選舉時，柯林頓再當選的前途已經亮起了黃燈。

柯林頓國內改革的忠實支持者聯邦衆議院議長湯姆·福里（華盛頓州）的落選，以及有意角逐總統候選人的重量級州長庫莫（紐約州）的失敗，也象徵了日後危險的發展。南部各州的改選參議院席次幾乎盡失，意味著柯林頓「改革時代」的結束已經開始了。

雖然柯林頓政權兩年來，讓美國經濟脫離不景氣的危機。一連串的數字顯示柯林頓政治展現的成果，但是爲甚麼總統、黨都會失敗呢？民主黨歷史的失敗到底意味著甚麼呢？

深切的失望

的確，經濟成長率爲三・五％，失業率降低五％。創出五百萬新規雇用機會，財政赤字持續三年縮小。儘管如此，許多國民仍然感覺到無法提升生活水準。根據很多的調查顯示，中間層的實質所得成長率令人感到煩惱，在新規僱用的背後隱藏著財源的陰影。景氣復甦的恩惠並沒有遍及中間層和下層階級。

此外，移民數增加，犯罪持續增加，都市持續惡化。二年前宣稱要使「美國再生」，保證一定會「變化」而登場的柯林頓民主黨政權，並沒有使美國改變――。

對於變化的期待越大，對於沒有變化的失望也就越深。認爲「不變的」美國是「不能改變」――民衆對於政治和政府感到不滿。

這種「不變的現狀」，使民衆對於美國的將來感到憂心。投票之前的輿論調查顯示（NYT／CBS），認爲美國的將來到了下一代「不好」的人爲五七％，認爲「好」的人爲一八％，認爲今後五年內美國「不會好轉」的人，二年前爲三〇％，現在上升至將近四五％。

黑人和低所得者層認爲柯林頓的「改革政治」會放棄他們，因此大都不願意去投票，所以在三八・七%（比上一次的中央選舉高二・二%）的「高投票率」的背後，低所得層的「低投票率」（New York Times, 11.10, 1994）顯現民主黨支持基礎的脆弱。

回歸保守

正確的說法也許應該是對於「不變」的現狀的不滿與焦躁，可能是對於柯林頓政治所要推行的變化感到不安所造成的。

包括中間層在內的許多民衆，還是在「優良」的美國傳統與自助努力的民衆文化中棲息。對於這些普通市民而言，允許墮胎或軍中同性戀者，或製作醫療保險的這些「國營化」的政策，不是應該採行的政策，而是過於急切的改革。他們對於柯林頓民主黨的「變化」本身感到非常懷疑，所以柯林頓雖然標榜「改變」的民主黨而得到政權的寶座，但是獲得政權後推出的政策卻似乎回歸到舊民主黨路線。對於性和人權太過寬大，認爲「聯邦政府在福利上用納稅人的錢是一種浪費」，不就是又重新回到了舊自由主義思想嗎？因此，這種對於改革的不安已經擴及白人中產階級。

柯林頓所提出的NAFTA計劃，加速墨西哥移民流入美國，造成治安與雇用的惡化，導致民衆擔心失去美國的同一性而感到不安。

行動右派的衆議院議員堅革里奇和阿米等爲主的共和黨新一代的保守派，巧妙地利用了民衆對於改革的一連串不安。雖然在選舉以前抬出「與美國的契約」爲選舉綱領。從減稅到削減福利、聯邦政府機能縮小、軍事力強化，以及公職任期限制等十項目，表現出共和黨想要控制議會，在百日以內將其法案化的大膽強力，而又簡單明瞭的行動方針。

很多共和黨員在這行動指針中，發現了八〇年代雷根的「強大美國」，使得遭遇挫折的雷根經濟的鄉愁逐漸復甦。再加上九二年總統大選中，給予裴洛一九%票數的第三政黨的支持者——無黨派的中間層——和南部保守派都願意把票投給共和黨。

喪失的政治

這種回歸「強大美國」的作法，是由柯林頓「脆弱」的領導力所促成的。一方面揭示許多改革的計劃，但是因爲受到保守派的阻撓，無法打破在議會的僵局，顯示內政指導的脆弱面。第二點就是雖然高唱「唯一超大國」的外交，但是無法解決地區的紛爭，而在外交方面也展現脆弱的領導力。雖然在持續半世紀的與蘇聯共產主義的戰爭中獲勝，成爲「唯一超大國」，但是並沒有享受到勝利的果實。

到底「光榮美國」到哪裡去了呢？這種喪失感勾起了嚮往「強大美國」的鄉愁，也是一種「古老優良」帝國的喪失感。

柯林頓本身的複雜，導致在內政與外交上的柯林頓政治更令人難以了解，因此國民強烈感受到「強大美國」的喪失感，對於政府和政治本身出現無力感與不信任感。再加上政治和選舉的金權化和腐敗，加速了國民對政府的不信任感。

政治已經脫離市民之手。不論是民主黨或共和黨的政治家們都不值得信賴。建國以來被譽爲最好的「民主主義」，在美國已經喪失了。民主主義和政治的喪失感使市民產生了「反政府」、「反政治」的情緒。這種「反政治」的情緒直接攻擊現任多選的議員和許多民主黨的州長。紐約時報（九四年十一月九日）宣稱「史上最醜陋的中央選舉」和「美國民主政治」的醜惡實態，表現在選舉費用花費超過四千萬美元的加州參議院選舉中。兩黨一起簇擁有貪污瀆職嫌疑的候選人，使用鉅款進行選舉的維吉尼亞州參議院選舉，也象徵著這醜態。

到底「美國民主政治」何在呢？一方面想像昔日「強大美國」，但是衆人對於未來又抱著悲觀主義。根據九四年七月媒體的輿論調查，認爲除了二大政黨以外，「需要第二主要政黨」的回答達到五三％，這數字顯示出美國人民的「政治喪失」感非常大。

三個方案

九六年的總統選舉，美國政治又開始展現活動了。但是對美國而言的悲劇，是代替柯林頓的「改革政治」的另一政治，只能夠向由堅革里奇等共和黨右派所主導的「雷根政治」尋求罷了！換言之，必須再走回頭路。不只是帝國結束了，連「帝國時代」都已經結束了。但是，爲甚麼要再回歸到帝國的作風呢？難道除此之外無法再找到再生之路了嗎？

面對九六年選舉，柯林頓有三個方案。第一是和以前卡特所作的一樣，即在共和黨的「反改革」戰術下節節敗退，最後只好把主導權拱手讓給共和黨。第二則如昔日尼克森所作的，迫於各種醜聞事件的疑惑，在任期未滿或任期終了時就退卻，例如：由副總統柯爾繼承政權的方案。第三則是如以前杜魯門所作的，把中間選舉的影響減至最低限度，能夠把「改革的政治」持續到九六年以後的方案。

遙遠的晚鐘

「海嘯來襲」——華盛頓的政治家們，認爲侵襲美國的變動波濤深不可測，因此將其喻爲海嘯。

這變化不是暫時性的，甚至會改變中央選舉後二年內的政治，而波及九六年的總統選舉。美國的政治系統不斷動搖，猶如要吞噬美國帝國一般。因此，政治家們喻之爲海嘯。

在侵襲而來的海嘯中，柯林頓等人要實行的「改革的政治」何去何從呢？「新的美國」又會變成何種狀況呢？現在可以預見的就是，不論柯林頓政治採用何種方案，不論美國如何改變，其行動仍然會引起帝國的解體，加速黃昏時刻的到來。

由這意義看來，九三年夏天文森之死，似乎是向參與柯林頓政權的改革者們與帝國，敲響告知黃昏時刻的晚鐘。也許又是另一首鎮魂歌吧！

作者簡介：進藤榮一

一九三九年出生於日本北海道。
一九六三年畢業於京都大學法學部。
一九六八年畢業於同大學大學院，爲法學博士。
　在布里斯冬大學、哈佛大學等進行研究。
一九七五年擔任筑波大學助教。
　曾在美國、墨西哥、加拿大等大學擔任客座敎授，現任筑波大學敎授。

著作——「現代美國外交序說」
「現代紛爭的構造」
「現代的軍備擴充構造」
「非極的世界像」
「地殼變動的世界像」
「列寧」
「國際秩序與正義」
「蘆田均日紀」

大展出版社有限公司　圖書目錄

地址：台北市北投區11204
致遠一路二段12巷1號
郵撥：0166955～1
電話：(02) 8236031
8236033
傳眞：(02) 8272069

• 法律專欄連載 • 電腦編號 58

台大法學院　法律學系／策劃
法律服務社／編著

①別讓您的權利睡著了[1]　200元
②別讓您的權利睡著了[2]　200元

• 秘傳占卜系列 • 電腦編號 14

①手相術	淺野八郎著	150元
②人相術	淺野八郎著	150元
③西洋占星術	淺野八郎著	150元
④中國神奇占卜	淺野八郎著	150元
⑤夢判斷	淺野八郎著	150元
⑥前世、來世占卜	淺野八郎著	150元
⑦法國式血型學	淺野八郎著	150元
⑧靈感、符咒學	淺野八郎著	150元
⑨紙牌占卜學	淺野八郎著	150元
⑩ＥＳＰ超能力占卜	淺野八郎著	150元
⑪猶太數的秘術	淺野八郎著	150元
⑫新心理測驗	淺野八郎著	160元
⑬塔羅牌預言秘法	淺野八郎著	200元

• 趣味心理講座 • 電腦編號 15

①性格測驗１	探索男與女	淺野八郎著	140元
②性格測驗２	透視人心奧秘	淺野八郎著	140元
③性格測驗３	發現陌生的自己	淺野八郎著	140元
④性格測驗４	發現你的真面目	淺野八郎著	140元
⑤性格測驗５	讓你們吃驚	淺野八郎著	140元
⑥性格測驗６	洞穿心理盲點	淺野八郎著	140元
⑦性格測驗７	探索對方心理	淺野八郎著	140元
⑧性格測驗８	由吃認識自己	淺野八郎著	140元

⑨性格測驗9　戀愛知多少　淺野八郎著　160元
⑩性格測驗10　由裝扮瞭解人心　淺野八郎著　160元
⑪性格測驗11　敲開內心玄機　淺野八郎著　140元
⑫性格測驗12　透視你的未來　淺野八郎著　140元
⑬血型與你的一生　淺野八郎著　160元
⑭趣味推理遊戲　淺野八郎著　160元
⑮行爲語言解析　淺野八郎著　160元

•婦 幼 天 地•電腦編號16

①八萬人減肥成果　黃靜香譯　180元
②三分鐘減肥體操　楊鴻儒譯　150元
③窈窕淑女美髮秘訣　柯素娥譯　130元
④使妳更迷人　成　玉譯　130元
⑤女性的更年期　官舒妍編譯　160元
⑥胎內育兒法　李玉瓊編譯　150元
⑦早產兒袋鼠式護理　唐岱蘭譯　200元
⑧初次懷孕與生產　婦幼天地編譯組　180元
⑨初次育兒12個月　婦幼天地編譯組　180元
⑩斷乳食與幼兒食　婦幼天地編譯組　180元
⑪培養幼兒能力與性向　婦幼天地編譯組　180元
⑫培養幼兒創造力的玩具與遊戲　婦幼天地編譯組　180元
⑬幼兒的症狀與疾病　婦幼天地編譯組　180元
⑭腿部苗條健美法　婦幼天地編譯組　180元
⑮女性腰痛別忽視　婦幼天地編譯組　150元
⑯舒展身心體操術　李玉瓊編譯　130元
⑰三分鐘臉部體操　趙薇妮著　160元
⑱生動的笑容表情術　趙薇妮著　160元
⑲心曠神怡減肥法　川津祐介著　130元
⑳內衣使妳更美麗　陳玄茹譯　130元
㉑瑜伽美姿美容　黃靜香編著　150元
㉒高雅女性裝扮學　陳珮玲譯　180元
㉓蠶糞肌膚美顏法　坂梨秀子著　160元
㉔認識妳的身體　李玉瓊譯　160元
㉕產後恢復苗條體態　居理安•芙萊喬著　200元
㉖正確護髮美容法　山崎伊久江著　180元
㉗安琪拉美姿養生學　安琪拉蘭斯博瑞著　180元
㉘女體性醫學剖析　增田豐著　220元
㉙懷孕與生產剖析　岡部綾子著　180元
㉚斷奶後的健康育兒　東城百合子著　220元
㉛引出孩子幹勁的責罵藝術　多湖輝著　170元

㉜培養孩子獨立的藝術	多湖輝著	170元
㉝子宮肌瘤與卵巢囊腫	陳秀琳編著	180元
㉞下半身減肥法	納他夏・史達賓著	180元
㉟女性自然美容法	吳雅菁編著	180元
㊱再也不發胖	池園悅太郎著	170元
㊲生男生女控制術	中垣勝裕著	220元
㊳使妳的肌膚更亮麗	楊　皓編著	170元
㊴臉部輪廓變美	芝崎義夫著	180元
㊵斑點、皺紋自己治療	高須克彌著	180元
㊶面皰自己治療	伊藤雄康著	180元
㊷隨心所欲瘦身冥想法	原久子著	180元
㊸胎兒革命	鈴木丈織著	180元
㊹NS磁氣平衡法塑造窈窕奇蹟	古屋和江著	180元

・青 春 天 地・電腦編號 17

①A血型與星座	柯素娥編譯	160元
②B血型與星座	柯素娥編譯	160元
③O血型與星座	柯素娥編譯	160元
④AB血型與星座	柯素娥編譯	120元
⑤青春期性教室	呂貴嵐編譯	130元
⑥事半功倍讀書法	王毅希編譯	150元
⑦難解數學破題	宋釗宜編譯	130元
⑧速算解題技巧	宋釗宜編譯	130元
⑨小論文寫作秘訣	林顯茂編譯	120元
⑪中學生野外遊戲	熊谷康編著	120元
⑫恐怖極短篇	柯素娥編譯	130元
⑬恐怖夜話	小毛驢編譯	130元
⑭恐怖幽默短篇	小毛驢編譯	120元
⑮黑色幽默短篇	小毛驢編譯	120元
⑯靈異怪談	小毛驢編譯	130元
⑰錯覺遊戲	小毛驢編譯	130元
⑱整人遊戲	小毛驢編著	150元
⑲有趣的超常識	柯素娥編譯	130元
⑳哦！原來如此	林慶旺編譯	130元
㉑趣味競賽100種	劉名揚編譯	120元
㉒數學謎題入門	宋釗宜編譯	150元
㉓數學謎題解析	宋釗宜編譯	150元
㉔透視男女心理	林慶旺編譯	120元
㉕少女情懷的自白	李桂蘭編譯	120元
㉖由兄弟姊妹看命運	李玉瓊編譯	130元

㉗趣味的科學魔術	林慶旺編譯	150元
㉘趣味的心理實驗室	李燕玲編譯	150元
㉙愛與性心理測驗	小毛驢編譯	130元
㉚刑案推理解謎	小毛驢編譯	130元
㉛偵探常識推理	小毛驢編譯	130元
㉜偵探常識解謎	小毛驢編譯	130元
㉝偵探推理遊戲	小毛驢編譯	130元
㉞趣味的超魔術	廖玉山編著	150元
㉟趣味的珍奇發明	柯素娥編著	150元
㊱登山用具與技巧	陳瑞菊編著	150元

•健 康 天 地•電腦編號 18

①壓力的預防與治療	柯素娥編譯	130元
②超科學氣的魔力	柯素娥編譯	130元
③尿療法治病的神奇	中尾良一著	130元
④鐵證如山的尿療法奇蹟	廖玉山譯	120元
⑤一日斷食健康法	葉慈容編譯	150元
⑥胃部強健法	陳炳崑譯	120元
⑦癌症早期檢查法	廖松濤譯	160元
⑧老人痴呆症防止法	柯素娥編譯	130元
⑨松葉汁健康飲料	陳麗芬編譯	130元
⑩揉肚臍健康法	永井秋夫著	150元
⑪過勞死、猝死的預防	卓秀貞編譯	130元
⑫高血壓治療與飲食	藤山順豐著	150元
⑬老人看護指南	柯素娥編譯	150元
⑭美容外科淺談	楊啟宏著	150元
⑮美容外科新境界	楊啟宏著	150元
⑯鹽是天然的醫生	西英司郎著	140元
⑰年輕十歲不是夢	梁瑞麟譯	200元
⑱茶料理治百病	桑野和民著	180元
⑲綠茶治病寶典	桑野和民著	150元
⑳杜仲茶養顏減肥法	西田博著	150元
㉑蜂膠驚人療效	瀨長良三郎著	180元
㉒蜂膠治百病	瀨長良三郎著	180元
㉓醫藥與生活	鄭炳全著	180元
㉔鈣長生寶典	落合敏著	180元
㉕大蒜長生寶典	木下繁太郎著	160元
㉖居家自我健康檢查	石川恭三著	160元
㉗永恒的健康人生	李秀鈴譯	200元
㉘大豆卵磷脂長生寶典	劉雪卿譯	150元

㉙芳香療法	梁艾琳譯	160元
㉚醋長生寶典	柯素娥譯	180元
㉛從星座透視健康	席拉・吉蒂斯著	180元
㉜愉悅自在保健學	野本二士夫著	160元
㉝裸睡健康法	丸山淳士等著	160元
㉞糖尿病預防與治療	藤田順豐著	180元
㉟維他命長生寶典	菅原明子著	180元
㊱維他命C新效果	鐘文訓編	150元
㊲手、腳病理按摩	堤芳朗著	160元
㊳AIDS瞭解與預防	彼得塔歇爾著	180元
㊴甲殼質殼聚糖健康法	沈永嘉譯	160元
㊵神經痛預防與治療	木下真男著	160元
㊶室內身體鍛鍊法	陳炳崑編著	160元
㊷吃出健康藥膳	劉大器編著	180元
㊸自我指壓術	蘇燕謀編著	160元
㊹紅蘿蔔汁斷食療法	李玉瓊編著	150元
㊺洗心術健康秘法	竺翠萍編譯	170元
㊻枇杷葉健康療法	柯素娥編譯	180元
㊼抗衰血癒	楊啟宏著	180元
㊽與癌搏鬥記	逸見政孝著	180元
㊾冬蟲夏草長生寶典	高橋義博著	170元
㊿痔瘡・大腸疾病先端療法	宮島伸宜著	180元
51膠布治癒頑固慢性病	加瀨建造著	180元
52芝麻神奇健康法	小林貞作著	170元
53香煙能防止癡呆？	高田明和著	180元
54穀菜食治癌療法	佐藤成志著	180元
55貼藥健康法	松原英多著	180元
56克服癌症調和道呼吸法	帶津良一著	180元
57Ｂ型肝炎預防與治療	野村喜重郎著	180元
58青春永駐養生導引術	早島正雄著	180元
59改變呼吸法創造健康	原久子著	180元
60荷爾蒙平衡養生秘訣	出村博著	180元
61水美肌健康法	井戶勝富著	170元
62認識食物掌握健康	廖梅珠編著	170元
63痛風劇痛消除法	鈴木吉彥著	180元
64酸莖菌驚人療效	上田明彥著	180元
65大豆卵磷脂治現代病	神津健一著	200元
66時辰療法──危險時刻凌晨４時	呂建強等著	180元
67自然治癒力提升法	帶津良一著	180元
68巧妙的氣保健法	藤平墨子著	180元
69治癒Ｃ型肝炎	熊田博光著	180元

⑳肝臟病預防與治療	劉名揚編著	180元
⑳腰痛平衡療法	荒井政信著	180元
⑳根治多汗症、狐臭	稻葉益巳著	220元
⑳40歲以後的骨質疏鬆症	沈永嘉譯	180元
⑳認識中藥	松下一成著	180元
⑳認識氣的科學	佐佐木茂美著	180元
⑳我戰勝了癌症	安田伸著	180元
⑳斑點是身心的危險信號	中野進著	180元
⑳艾波拉病毒大震撼	玉川重德著	180元
⑳重新還我黑髮	桑名隆一郞著	180元
⑳身體節律與健康	林博史著	180元
⑳生薑治萬病	石原結實著	180元

•實用女性學講座• 電腦編號 19

①解讀女性內心世界	島田一男著	150元
②塑造成熟的女性	島田一男著	150元
③女性整體裝扮學	黃靜香編著	180元
④女性應對禮儀	黃靜香編著	180元
⑤女性婚前必修	小野十傳著	200元
⑥徹底瞭解女人	田口二州著	180元
⑦拆穿女性謊言88招	島田一男著	200元
⑧解讀女人心	島田一男著	200元

•校 園 系 列• 電腦編號 20

①讀書集中術	多湖輝著	150元
②應考的訣竅	多湖輝著	150元
③輕鬆讀書贏得聯考	多湖輝著	150元
④讀書記憶秘訣	多湖輝著	150元
⑤視力恢復！超速讀術	江錦雲譯	180元
⑥讀書36計	黃柏松編著	180元
⑦驚人的速讀術	鐘文訓編著	170元
⑧學生課業輔導良方	多湖輝著	180元
⑨超速讀超記憶法	廖松濤編著	180元
⑩速算解題技巧	宋釗宜編著	200元
⑪看圖學英文	陳炳崑編著	200元

•實用心理學講座• 電腦編號 21

①拆穿欺騙伎倆	多湖輝著	140元

②創造好構想　多湖輝著　140元
③面對面心理術　多湖輝著　160元
④偽裝心理術　多湖輝著　140元
⑤透視人性弱點　多湖輝著　140元
⑥自我表現術　多湖輝著　180元
⑦不可思議的人性心理　多湖輝著　150元
⑧催眠術入門　多湖輝著　150元
⑨責罵部屬的藝術　多湖輝著　150元
⑩精神力　多湖輝著　150元
⑪厚黑說服術　多湖輝著　150元
⑫集中力　多湖輝著　150元
⑬構想力　多湖輝著　150元
⑭深層心理術　多湖輝著　160元
⑮深層語言術　多湖輝著　160元
⑯深層說服術　多湖輝著　180元
⑰掌握潛在心理　多湖輝著　160元
⑱洞悉心理陷阱　多湖輝著　180元
⑲解讀金錢心理　多湖輝著　180元
⑳拆穿語言圈套　多湖輝著　180元
㉑語言的內心玄機　多湖輝著　180元

・超現實心理講座・電腦編號 22

①超意識覺醒法　詹蔚芬編譯　130元
②護摩秘法與人生　劉名揚編譯　130元
③秘法！超級仙術入門　陸　明譯　150元
④給地球人的訊息　柯素娥編著　150元
⑤密教的神通力　劉名揚編著　130元
⑥神秘奇妙的世界　平川陽一著　180元
⑦地球文明的超革命　吳秋嬌譯　200元
⑧力量石的秘密　吳秋嬌譯　180元
⑨超能力的靈異世界　馬小莉譯　200元
⑩逃離地球毀滅的命運　吳秋嬌譯　200元
⑪宇宙與地球終結之謎　南山宏著　200元
⑫驚世奇功揭秘　傅起鳳著　200元
⑬啟發身心潛力心象訓練法　栗田昌裕著　180元
⑭仙道術遁甲法　高藤聰一郎著　220元
⑮神通力的秘密　中岡俊哉著　180元
⑯仙人成仙術　高藤聰一郎著　200元
⑰仙道符咒氣功法　高藤聰一郎著　220元
⑱仙道風水術尋龍法　高藤聰一郎著　200元

⑲仙道奇蹟超幻像　高藤聰一郎著　200元
⑳仙道鍊金術房中法　高藤聰一郎著　200元
㉑奇蹟超醫療治癒難病　深野一幸著　220元
㉒揭開月球的神秘力量　超科學研究會　180元
㉓西藏密教奧義　高藤聰一郎著　250元

•養 生 保 健• 電腦編號 23

①醫療養生氣功　黃孝寬著　250元
②中國氣功圖譜　余功保著　230元
③少林醫療氣功精粹　井玉蘭著　250元
④龍形實用氣功　吳大才等著　220元
⑤魚戲增視強身氣功　宮　嬰著　220元
⑥嚴新氣功　前新培金著　250元
⑦道家玄牝氣功　張　章著　200元
⑧仙家秘傳袪病功　李遠國著　160元
⑨少林十大健身功　秦慶豐著　180元
⑩中國自控氣功　張明武著　250元
⑪醫療防癌氣功　黃孝寬著　250元
⑫醫療強身氣功　黃孝寬著　250元
⑬醫療點穴氣功　黃孝寬著　250元
⑭中國八卦如意功　趙維漢著　180元
⑮正宗馬禮堂養氣功　馬禮堂著　420元
⑯秘傳道家筋經內丹功　王慶餘著　280元
⑰三元開慧功　辛桂林著　250元
⑱防癌治癌新氣功　郭　林著　180元
⑲禪定與佛家氣功修煉　劉天君著　200元
⑳顛倒之術　梅自強著　360元
㉑簡明氣功辭典　吳家駿編　360元
㉒八卦三合功　張全亮著　230元
㉓朱砂掌健身養生功　楊　永著　250元
㉔抗老功　陳九鶴著　230元

•社會人智囊• 電腦編號 24

①糾紛談判術　清水增三著　160元
②創造關鍵術　淺野八郎著　150元
③觀人術　淺野八郎著　180元
④應急詭辯術　廖英迪編著　160元
⑤天才家學習術　木原武一著　160元
⑥猫型狗式鑑人術　淺野八郎著　180元

⑦逆轉運掌握術　淺野八郎著　180元
⑧人際圓融術　澀谷昌三著　160元
⑨解讀人心術　淺野八郎著　180元
⑩與上司水乳交融術　秋元隆司著　180元
⑪男女心態定律　小田晉著　180元
⑫幽默說話術　林振輝編著　200元
⑬人能信賴幾分　淺野八郎著　180元
⑭我一定能成功　李玉瓊譯　180元
⑮獻給青年的嘉言　陳蒼杰譯　180元
⑯知人、知面、知其心　林振輝編著　180元
⑰塑造堅強的個性　坂上肇著　180元
⑱爲自己而活　佐藤綾子著　180元
⑲未來十年與愉快生活有約　船井幸雄著　180元
⑳超級銷售話術　杜秀卿譯　180元
㉑感性培育術　黃靜香編著　180元
㉒公司新鮮人的禮儀規範　蔡媛惠譯　180元
㉓傑出職員鍛鍊術　佐佐木正著　180元
㉔面談獲勝戰略　李芳黛譯　180元
㉕金玉良言撼人心　森純大著　180元
㉖男女幽默趣典　劉華亭編著　180元
㉗機智說話術　劉華亭編著　180元
㉘心理諮商室　柯素娥譯　180元
㉙如何在公司頭角崢嶸　佐佐木正著　180元
㉚機智應對術　李玉瓊編著　200元
㉛克服低潮良方　坂野雄二著　180元
㉜智慧型說話技巧　沈永嘉編著　元
㉝記憶力、集中力增進術　廖松濤編著　180元

・精 選 系 列・電腦編號25

①毛澤東與鄧小平　渡邊利夫等著　280元
②中國大崩裂　江戶介雄著　180元
③台灣・亞洲奇蹟　上村幸治著　220元
④7-ELEVEN高盈收策略　國友隆一著　180元
⑤台灣獨立　森　詠著　200元
⑥迷失中國的末路　江戶雄介著　220元
⑦2000年5月全世界毀滅　紫藤甲子男著　180元
⑧失去鄧小平的中國　小島朋之著　220元
⑨世界史爭議性異人傳　桐生操著　200元
⑩淨化心靈享人生　松濤弘道著　220元
⑪人生心情診斷　賴藤和寬著　220元

⑫中美大決戰　檜山良昭著　220元

•運 動 遊 戲• 電腦編號 26

①雙人運動　李玉瓊譯　160元
②愉快的跳繩運動　廖玉山譯　180元
③運動會項目精選　王佑京譯　150元
④肋木運動　廖玉山譯　150元
⑤測力運動　王佑宗譯　150元

•休 閒 娛 樂• 電腦編號 27

①海水魚飼養法　田中智浩著　300元
②金魚飼養法　曾雪玫譯　250元
③熱門海水魚　毛利匡明著　480元
④愛犬的教養與訓練　池田好雄著　250元

•銀髮族智慧學• 電腦編號 28

①銀髮六十樂逍遙　多湖輝著　170元
②人生六十反年輕　多湖輝著　170元
③六十歲的決斷　多湖輝著　170元

•飲 食 保 健• 電腦編號 29

①自己製作健康茶　大海淳著　220元
②好吃、具藥效茶料理　德永睦子著　220元
③改善慢性病健康藥草茶　吳秋嬌譯　200元
④藥酒與健康果菜汁　成玉編著　250元

•家庭醫學保健• 電腦編號 30

①女性醫學大全　雨森良彥著　380元
②初爲人父育兒寶典　小瀧周曹著　220元
③性活力強健法　相建華著　220元
④30歲以上的懷孕與生產　李芳黛編著　220元
⑤舒適的女性更年期　野末悅子著　200元
⑥夫妻前戲的技巧　笠井寬司著　200元
⑦病理足穴按摩　金慧明著　220元
⑧爸爸的更年期　河野孝旺著　200元
⑨橡皮帶健康法　山田晶著　200元

⑩33天健美減肥　相建華等著　180元
⑪男性健美入門　孫玉祿編著　180元
⑫強化肝臟秘訣　主婦の友社編　200元
⑬了解藥物副作用　張果馨譯　200元
⑭女性醫學小百科　松山榮吉著　200元
⑮左轉健康秘訣　龜田修等著　200元
⑯實用天然藥物　鄭炳全編著　260元
⑰神秘無痛平衡療法　林宗駛著　180元
⑱膝蓋健康法　張果馨譯　180元

•心靈雅集•電腦編號00

①禪言佛語看人生　松濤弘道著　180元
②禪密教的奧秘　葉逯謙譯　120元
③觀音大法力　田口日勝著　120元
④觀音法力的大功德　田口日勝著　120元
⑤達摩禪106智慧　劉華亭編譯　220元
⑥有趣的佛教研究　葉逯謙編譯　170元
⑦夢的開運法　蕭京凌譯　130元
⑧禪學智慧　柯素娥編譯　130元
⑨女性佛教入門　許俐萍譯　110元
⑩佛像小百科　心靈雅集編譯組　130元
⑪佛教小百科趣談　心靈雅集編譯組　120元
⑫佛教小百科漫談　心靈雅集編譯組　150元
⑬佛教知識小百科　心靈雅集編譯組　150元
⑭佛學名言智慧　松濤弘道著　220元
⑮釋迦名言智慧　松濤弘道著　220元
⑯活人禪　平田精耕著　120元
⑰坐禪入門　柯素娥編譯　150元
⑱現代禪悟　柯素娥編譯　130元
⑲道元禪師語錄　心靈雅集編譯組　130元
⑳佛學經典指南　心靈雅集編譯組　130元
㉑何謂「生」　阿含經　心靈雅集編譯組　150元
㉒一切皆空　般若心經　心靈雅集編譯組　150元
㉓超越迷惘　法句經　心靈雅集編譯組　130元
㉔開拓宇宙觀　華嚴經　心靈雅集編譯組　180元
㉕真實之道　法華經　心靈雅集編譯組　130元
㉖自由自在　涅槃經　心靈雅集編譯組　130元
㉗沈默的教示　維摩經　心靈雅集編譯組　150元
㉘開通心眼　佛語佛戒　心靈雅集編譯組　130元
㉙揭秘寶庫　密教經典　心靈雅集編譯組　180元

國家圖書館出版品預行編目資料

黃昏帝國　美國/進藤榮一著；莊雯琳譯
——初版，——臺北市，大展，民86
面；　公分，——（精選系列；13）
譯自：アメリカ黃昏の帝國
ISBN 957-557-772-8（平裝）
1.美國—政治與政府
574.52　86013522

AMERICA TASOGARE NO TEIKOKU（黃昏帝國　美國）
by Eiichi Shindou

Originally published in Japanese by Iwanami Shoten, Publishers, Tokyo in 1994
版權仲介/京王文化事業有限公司

黃昏帝國　美國

ISBN 957-557-772-8
原著者/進藤榮一
編譯者/莊雯琳
發行人/蔡森明
出版者/大展出版社有限公司
社址/台北市北投區（石牌）致遠一路2段12巷1號
電話/(02) 28236031・28236033
傳真/(02) 28272069
郵政劃撥/0166955-1
登記證/局版臺業字第2171號
承印者/國順圖書印刷公司
裝訂/嶸興裝訂有限公司
排版者/弘益電腦排版有限公司
電話/（02）27403609・27112792
初版1刷/1997年（民86年）10月

定價/220元

大展好書 好書大展